Ciberseguridad para ejecutivos

Una guía orientada a minimizar los riesgos, comprender las nuevas amenazas de la década y como implementar una estrategia éxitosa en su empresa

José Luis Cisneros López

Ciberseguridad para ejecutivos

Una guía orientada a minimizar los riesgos, comprender las nuevas amenazas de la década y como implementar una estrategia éxitosa en su empresa

José Luis Cisneros López
COPYRIGHT / DERECHOS DE AUTOR

[Ciberseguridad para ejecutivos]
Copyright © 2021 por José Luis Cisneros López

ISBN: EN TRÁMITE

Este documento se diseño, formo y produjo por Graphic Vission, la propiedad intelectual es desarrollada por el autor.

Todos los derechos reservados.
Sin limitar los derechos de autor reservados anteriormente, ninguna parte de esta publicación puede ser reproducida, almacenada o introducida en un sistema de recuperación, o transmitida en cualquier forma o por cualquier medio (electrónico, mecánico, fotocopiado, grabación, escaneo u otro), sin el previo permiso por escrito del propietario de los derechos de autor de este libro. La exploración, duplicación y distribución de este libro a través de Internet, o por cualquier otro medio sin el permiso del autor es ilegal y punible por la ley. Por favor, compre solo las ediciones electrónicas autorizadas y no participe ni aliente la piratería electrónica de los materiales protegidos por derechos de autor. Se agradece su apoyo a los derechos del autor. El editor no tiene ningún control y no asume ninguna responsabilidad por los sitios web de terceros o sus contenidos.

Agradecimientos

Primeramente a Dios, que me permite seguir en este hermoso mundo ya que, una vez que pasé por la intensidad del reto COVID, recobré la fuerza para continuar con gran motivación el desarrollo de esta obra, y siempre bendecido en todo lo relacionado a mi carrera.

A mi familia, siempre fundamental por su apoyo, tolerancia, consejo, empuje y por que día a día son el motor para alcanzar mi misión y visión.

A Jesús Navarro y Alexia Kuriansky que, con su confianza y apoyo, facilitaron el desarrollo de esta obra en colaboración con Data Warden.

A los miembros del comité técnico de Data Warden quienes, en conjunto, significaron un gran reto y brindaron una gran aportación en los contenidos y mejoras para que reciba usted el mayor valor en estas líneas:

Jesús Navarro, José Luis Sánchez, Yosif Sleman, Ernesto Rosales, David Cárdenas, Daniel Romero, César Cisneros. Han sido fuertes sinodales.

A Uriel Naum y Mónica Mistretta que con su trayectoria y experiencia en el periodismo tecnológico engalanan el presente y orientan al lector sobre lo que puede esperar a través de cada capítulo.

A todas las personalidades de TI, grandes directivos que brindaron su conocimiento para que usted tenga una visión más holística de diferentes verticales de la industria.

A todo el equipo editorial, corrección de forma, ortografía, diseño e imprenta, quienes han realizado un estupendo trabajo para concluir este libro que ahora está disponible para usted.

A cada lector que me honra con su interés en este libro.

A todos ustedes Gracias, impulsaron mi sueño y el deseo de difundir conocimiento en un momento tan álgido de la seguridad en las empresas.

Tabla de Contenido

Contraportada. Mónica Mistretta. Periodista y fundadora de Netmedia

Prólogo. Uriel Naum Ávila es periodista de negocios en Latam, consultor en comunicación corporativa y cofundador de Stalkeo Empresarial 11
Capítulo 1. Ciberseguridad y alta dirección 21
Capítulo 2. La ciberseguridad como habilitador de negocio.. 33
Capítulo 3. Evolución de la superficie de riesgo 47
Capítulo 4. Protección de datos de nueva generación ... 59
Capítulo 5. Nuevos modelos de arquitectura y tecnologías emergentes 87
Capítulo 6. Gestión de identidad digital 101
Capítulo 7. Gestión de seguridad de la información 117
Capítulo 8. Gestión de riesgo tecnológico 127
Capítulo 9. Justificando el valor de los proyectos de ciberseguridad 139
Capítulo 10. Retorno de la inversión en seguridad (ROSI) 157
Capítulo 11. Servicios de nueva generación de SecOps y respuesta a incidentes 171
Capítulo 12. Reputación empresarial 185

Anexos. La opinión de los expertos a nivel internacional. Qué dicen los CIO's y CISO's con respecto a este tema

1.- Los retos de la ciberseguridad postcovid-19, Por Ing. Angélica Arana, Directora de Gobierno de Arquitectura, Dir. Gral. Adjunta de Innovación Grupo Financiero Banorte 199
2.- César Quiroz, Director de Tecnología, Grupo Kasto...... 207
3.-La importancia de la ciberseguridad en el nuevo entorno digital, Por Enrique López Anguiano, CISO Invex 217
4.-La ciberseguridad como habilitador de negocio, Por Ing. Héctor Méndez, Director CSO, Mobility ADO........... 225
5.-Ing. José C. Arriaga Murcia, Director de Tecnología – CIO Tokio Marine México 233
6.- Lic. Marisela Orihuela, Director de estrategia digital y nuevos negocios, Circle K 241
7.-Visión de un ejecutivo en ciberseguridad, Visión del Lic. Marco A. Guadarrama Alfaro, CIO – Grupo Infra.... 253
8.-Fábricas inteligentes, el nuevo objetivo de ataque, Fernando Velasco, CIO Grupo Wendy 261

Fuentes Bibliográficas 267

Prólogo

Prólogo

Cuando en 2019 me invitaron a escribir el prólogo de *Ciberseguridad para directores generales: Cómo minimizar los riegos cibernéticos en su organización*, era evidente que una obra con tal temática llegaba en un momento propicio, considerando el contexto de la era digital en la que nos encaminábamos rápidamente.

Lo que nunca imaginamos es que una pandemia cambiaría para siempre el orden de las cosas y aceleraría la transformación hacia lo digital de una manera tan abrupta, y con los riesgos que la obra anterior ya advertía. Hoy es evidente que los peligros para las organizaciones evolucionaron y se potenciaron con la pandemia por covid-19, y las estrategias para hacerles frente no pueden quedarse atrás; de ahí la relevancia de este libro, que nos sitúa en una realidad de mucha mayor amenaza.

Prólogo

Los nuevos riesgos del actual entorno tecnológico no solamente tomaron fuerza con las condiciones que propició el virus que aqueja a la humanidad (confinamiento, poca interacción física, más *e-commerce*, más *home office*, más intercambio de información por canales digitales, etcétera), sino que también esta manera en la que el covid-19 nos ha venido acechando hasta hacernos presa se asemeja a la manera en que la ciberdelincuencia está penetrando nuestras organizaciones.

Me explico. Cuando comenzamos a conocer de la pandemia a finales de 2019, la información que nos llegaba era que en China y algunos países de Europa un virus desconocido estaba causando la muerte de personas de manera acelerada. No solo se trataba de una situación que percibíamos lejana a nuestra realidad, sino que éramos incluso, en algunos casos, indolentes frente a esos hechos.

Algo similar sucedió con los primeros casos de ciberdelincuencia registrados en 1990 y que se extendieron hasta la década del 2000, cuando comenzamos a escuchar hablar de fraudes y robos de información a través de la conexión de unidades de disco aparentemente inofensivas.

Para 2013, si hacemos un poco de memoria, se propagó el término *ransomware* (programas de *software* maliciosos que infectan computadoras y muestran mensajes que exigen el pago de dinero) y entonces conocimos los primeros secuestros de información y extorsión. Sin embargo, en ese tiempo había empresas que ni siquiera contaban con antivirus y mucho menos tenían una visión integral de la ciberseguridad.

Prólogo

Cuando supimos, por ahí de marzo de 2020, de los primeros casos de covid-19 en México, se comenzaron a prender alertas, pero también hubo un segmento de la población que decía "a mí no me afectará" o, en el peor de los casos, "es una invención, no existe dicho virus". La situación cambió cuando, conforme pasaron los meses, los datos de fallecidos por la pandemia se incrementaron de manera exponencial y comenzamos a saber de casos de infectados en nuestro círculo familiar o de amigos.

El coronavirus rompió el cerco (como sucedió, haciendo una analogía en términos de tecnologías de la información, en 2017, con la aparición de WannaCry y el primer ciberataque de escala global), cuando, a pesar de habernos confinado en un sitio lejos de los riesgos de contagio, de un momento a otro nos vimos envueltos en esta enfermedad. ¿Cómo entró a nuestro "búnker" de seguridad? ¿En qué momento nos sorprendió? ¿Quién nos pudo haber contagiado? ¿En dónde estuvo el punto ciego? Las preguntas son similares, o iguales, a las que cualquier organización se hace cuando sufre un ciberataque en estos días.

Lo primero que sucedió con las personas que se infectaron de covid-19 fue que la gente cercana buscó estar físicamente lejos de ellas al menos hasta que pasara la cuarentena, por el riesgo que representaban para su propia salud. Algo muy similar ocurre con las empresas cuando sus clientes, proveedores u otro *stakeholder* (grupo de interés) saben que fueron hackeados. ¿Quién llevaría a cabo una transacción con una

Prólogo

compañía que ha mostrado ser vulnerable ante amenazas cibernéticas y que esto puede afectar a su organización?
Pues bien, eso se llama reputación. La manera en que posibles socios, aliados o inversionistas lo perciben hoy más que nunca juega un papel relevante en los negocios y puede significar echar a andar un trato o alejarse de él si ven en usted o en su empresa riesgos, en este caso, de ciberseguridad. En este libro hay todo un capítulo destinado a este tema que explica cómo los activos intangibles, como la reputación (que cada día tienen más valor que los tangibles, como las fábricas y los "fierros") se conectan con las tecnologías de la información.
De igual forma, así como la ciencia en etapa pandémica se volcó en tiempo récord a desarrollar una vacuna que hiciera frente al coronavirus, las soluciones para detectar amenazas y ofrecer respuestas a incidentes avanzan rápidamente y nos llevan a la siguiente generación de operaciones de seguridad (SecOps, por sus siglas en inglés), que toda organización que pretenda sobrevivir al actual contexto tecnológico debe conocer para blindarse de peligros informáticos y actuar de manera ágil en caso de estar en situación de riesgo.
Este es uno de los temas novedosos que nos brinda este libro, aunque no es el único. De la mano de las SecOps avanzan las tecnologías emergentes y especializadas, junto con la automatización de procesos y tecnologías que cada vez adquieren mayor relevancia en las actividades de las empresas y las personas, como *blockchain* o el internet de las cosas (IoT).
Considerando que 22% de las empresas en México no tenían

planeado en 2020 implementar tecnologías emergentes en su gestión de riesgos y que 90% de las organizaciones sigue utilizando hojas de cálculo para gestionar las amenazas, de acuerdo con el informe de PWC *Encuesta de Riesgos*, abordar la importancia de las nuevas soluciones que existen para enfrentar posibles cibercrímenes es otro de los aspectos valiosos que permite a quienes leen este libro preparar a sus organizaciones para afrontar los riesgos presentes y futuros. Claramente no es el objetivo de ninguna organización y por supuesto de esta obra –y ahí radica parte de su valor diferenciador– que la ciberseguridad sea percibida como un elemento restrictivo o paralizante, por el contrario, lo que se busca es que las empresas cuenten con herramientas y prácticas de seguridad que les permitan mantener su dinamismo, pues hoy más que nunca así lo requieren, pero en condiciones de menor riesgo; y este estatus se consigue con estrategias y soluciones adecuadas para el actual entorno digital. Y sobre estos aspectos también este libro aporta información y conocimientos.

Ciertamente para gestionar los riesgos en las empresas y detectar las vulnerabilidades es necesario contar con métodos adecuados y probados. Es ahí donde radica otra de las contribuciones de esta obra, pues no solamente proporciona tratamientos adecuados de medición y posibles acciones para las amenazas, sino que hace énfasis en la relevancia de aprender a gestionar los riesgos cibernéticos del futuro y generar tácticas de *benchmarking* de la seguridad de las

Prólogo

compañías, como un modelo de mejora constante y evolutivo. Claramente ninguna solución tecnológica o estrategia de ciberseguridad tendrá efecto en tanto los altos directivos y el C-Suite no se involucren y no tomen en serio las áreas y a los líderes de la empresa dedicados a ofrecer herramientas y entendimiento sobre este tema. El éxito de las estrategias contra el cibercrimen requiere que se considere la seguridad como parte central de cualquier modelo de negocios que pretenda ponerse en marcha y quiera ser abrazado por todas las áreas de manera transversal en beneficio de las propias compañías y los resultados que se pretenden lograr.

Ese éxito sucede cuando no se es solo reactivo ante situaciones de peligro, sino cuando se dota a las estrategias de ciberseguridad de presupuestos necesarios para activar los planes del CIO (*chief information officer*), CISO (*chief information security officer*), CSO (*chief security officer*) o cualquier otro rol en el organigrama vinculado con este tema. Un aspecto a destacar es que la Encuesta de riesgos refiere que en 25% de los casos uno de los obstáculos de las empresas mexicanas para gestionar el riesgo es la falta de presupuesto, de ahí la importancia de contar con recursos de operación necesarios.

En contraparte, se vuelve relevante conocer el impacto de estas estrategias en los KPI financieros de las empresas, desde las inversiones en soluciones tecnológicas hasta los costos - beneficios que ofrece la ciberseguridad, y junto con ello su monitoreo y medición para tener una visión de 360° de los accionables. Y es hacia el objetivo deestos indicadores hacia

Prólogo

donde cada vez evoluciona más la labor de los profesionales de la seguridad y donde este libro también viene a aportar.

La lección que nos ha dejado la pandemia es que tanto en el mundo físico como en el virtual debemos estar preparados para una era de cambios, flujos inmensos de datos, transformaciones digitales y una evolución permanente de los modelos operativos y de negocios, donde el riesgo está latente en diversos ámbitos y áreas de la vida y de las organizaciones.

No hay fórmula mágica que evite que situaciones negativas sucedan, pero en lo que respecta al mundo de las tecnologías de la información, sí existen métodos, modelos de gestión y herramientas tecnológicas de última generación que nos pueden ayudar a advertirlos y enfrentarlos de la mejor manera.

La era digital no es el futuro, está aquí, llegó antes de lo previsto. Cerrar los ojos a la nueva realidad con sus oportunidades y riesgos no ayuda en nada. Abrirnos al conocimiento y a las reflexiones de expertos, como los que participan en este libro, nos llevará a proteger lo más valioso de las organizaciones: su gente, la continuidad de sus procesos y su información.

Uriel Naum Ávila es periodista de negocios en Latam (www.urielnaum.com), consultor en comunicación corporativa y cofundador de Stalkeo Empresarial. Ha sido editor en medios como AnalisisFinanciero.info, Manufactura, Expansión, El Universal, Forbes Centroamérica y Forbes Latam. Es columnista en El Capitalino de México, Forbes Centroamérica, Reporte 79 de República Dominicana y Sistema de Noticias Internacional de Panamá.

Capítulo 1
Ciberseguridad y alta dirección

> *"Si conoces al enemigo y te conoces a ti mismo, no debes temer el resultado de cien batallas. Si te conoces a ti, pero no al enemigo, por cada victoria obtenida habrás tenido también una derrota. Si no te conoces a ti y tampoco a tu enemigo, en cada batalla sucumbirás."*
>
> Sun Tzu, *El arte de la guerra*

Los líderes empresariales se encuentran con el gran objetivo de poder impulsar el crecimiento de sus organizaciones ante la transformación digital. Múltiples retos se han observado alrededor de la ciberseguridad, como la automatización de procesos, el incremento de la visibilidad de las operaciones, la simplicidad, la agilidad, la resiliencia, la gestión, la disponibilidad, la integridad de información, la gestión, entre otras.

Todos estos procesos requieren que seamos capaces de identificar con claridad las amenazas que pretenden vulnerar a nuestra organización y requieren que conozcamos que su mala gestión conlleva un impacto económico, operativo, en nuestra reputación, etcétera. Los retos cada día son más grandes y la necesidad de una mejor gestión es indispensable. De acuerdo con el Foro Económico Mundial, los riesgos en materia de fraude o robo de datos están en la posición número 6 de la preocupación global de riesgo, mientras que los ciberataques están en la posición número 7. Esto debe ser un indicador muy claro para los altos ejecutivos de que deben poner atención al tema. Solo imagine: arriba de estas preocupaciones están otras como climas extremos, desastres naturales, entre otros.

Durante los últimos años el incremento en los delitos cibernéticos se ha mantenido. Particular y fuertemente motivado por la pandemia por covid-19, en 2020 empresas como Zoom han tenido que liberar arriba de 100 actualizaciones a su *software*, se detectaron al menos unos 200 millones de ataques a esta aplicación y su crecimiento fue tan notable que superó el 430% en descargas y en niveles de uso alrededor del mundo.

Imperva (líder en seguridad cibernética) en su informe "The State of Security within eCommerce" de 2020 menciona que ese fue un año como ningún otro. Además de todos los efectos de la pandemia, el mundo del *retail* digital se incrementó increíblemente. En 2019, por ejemplo, el número de días en los que las ventas en línea excedían los $2B era de tan solo 2, pero para 2020 entre enero y agosto fue de 130 días.

El crecimiento de los ataques al *retail* aumenta de forma considerable, y para ilustrarlo Imperva indica que el CTI (Cyber Threat Index), que permite observar los ataques a través del tiempo, muestra que hay más de 30 billones de ataques a las aplicaciones web y un trillón de peticiones HTTP que analizan sus sistemas WAF (Web Application Firewall).

Ahora, observe situaciones en las que 39% de las empresas enfoca su ciberseguridad solo a la protección de aplicaciones y solo un 27% utiliza AMF (Autentificación de Múltiples Factores), que es un método para controlar los accesos de los usuarios cuando se le conceden diversos accesos a los sistemas. 46% de las empresas ha sido vulnerado por elementos tan básicos como el no mantener los equipos parchados en sus últimas versiones, y de estas al menos el 68% sufrió pérdidas, el 31% reportó pérdidas por más de 10,000 registros.

Empresas como Check Point reportaron que en los últimos 6 meses del 2020 el mundo se fue al *on line*: básicamente todo es diferente ahora, desde la forma en la que nos relacionamos hasta las formas en las que adquirimos productos. Eventos de ciberdelincuentes como el de la doble extorsión, que es cuando el atacante primero extrae sus datos, luego activa un *ransomware* (*software* que encripta su equipo), pide rescate por él, y en el caso de que usted no quiera pagar la extorsión sus datos aparecerán en sitios web especializados. En las ciberguerras existe un alto incremento y severidad en la intencionalidad del atacante. Gracias a la movilidad, ahora el atacante busca con fuerza atacar los vectores del mundo móvil y hay una fuerte tendencia en los ataques a la nube dada la creciente demanda de estos servicios.

Se calcula que para 2021 el robo de datos tendrá un costo en el mundo de cerca de 6 billones de dólares, ya que estos ataques consolidados han sido una constante mencionada por múltiples organizaciones, incluso la misma consultora Gartner (líder mundial de investigación de TI) indica que cerca del 80% de los ataques de seguridad llegarán de fuentes internas de las propias empresas.

En el *Securing the Pandemic-Disrupted Workplace: Trend Micro 2020 Midyear Cybersecurity Report* se menciona que muchas personas trabajarán desde casa no por opción sino por necesidad. Esto ha hecho que las diversas organizaciones del mundo se pregunten qué se debe hacer, pues no se estaba preparado para un acontecimiento tan grande que amplía por mucho las áreas de vulnerabilidad de las organizaciones.

Los ciberdelincuentes y actores maliciosos han tomado ventaja de la situación y han atacado con una gran cantidad de variantes maliciosas todo tipo de plataformas, tanto las que habitan en nuestros *data center* de oficinas (centros de datos locales) como nuestra arquitectura e implementaciones en la nube, cualquiera que ésta sea. Hemos vivido fuertes agresiones sobre los correos, redes sociales, los sitios *web*, aplicaciones móviles, telecomunicaciones y sobre la misma información y bases de datos.

Múltiples organizaciones que trabajan con elementos del IoT (Internet de las cosas), donde principalmente figura la industria de la manufactura, se ven en riesgo por múltiples vulnerabilidades que afectan desde aplicaciones que pueden llevar funcionando varias décadas hasta equipos y maquinaria; todo esto como consecuencia de que no existe ninguna estandarización en la industria y se carece de guías y buenas prácticas para el desarrollo del IoT.

Veamos que la ciberseguridad se define como la práctica que protege computadoras, servidores, dispositivos móviles, redes, datos y sistemas digitales de todo atacante malicioso; entonces, se debe considerar que no hay una sola solución para todo, sino que está dividida en diferentes áreas de especialidad, como las redes, las aplicaciones, la seguridad de la información, la seguridad en los procesos y operación, DRP (recuperación de desastres), BCP (continuidad del negocio), capacitación al usuario, la nube, identidad, los datos entre las áreas más importantes, entre otras.

Es preciso observar también que existen amenazas específicas en las materias que detallo:

- Delitos cibernéticos que buscan atacar sistemas de información para obtener beneficios financieros.
- Ciberataques que exponen, alteran o destruyen información sin autorización.
- Ciberterrorismo que utiliza medios electrónicos o tecnologías de la información para generar miedo o terror generalizado en una población, dirigentes o gobiernos. Por ejemplo, en el mundo países como Rusia, China y Corea del Norte han declarado abiertamente tener ejércitos de ciberatacantes.

¿Puede usted observar lo siguiente? La ciberseguridad no es una técnica, filosofía, doctrina, o como usted quiera llamarle, que viva de forma estática. Los ciberactores utilizan múltiples variantes y situaciones globales para adaptarse muy rápidamente a las oportunidades y a cualquier entorno, y de esta forma pueden capitalizar esfuerzos cuando las personas y las empresas no se encuentran preparadas ni con la conciencia de que esto es una realidad que se incrementa día con día.

Tome en cuenta que alrededor del mundo han existido casos particularmente notables. Permítame mencionarle algunos de ellos. México fue motivo de ataques en el primer trimestre del 2018 en los que se vio comprometido el SPEI; durante 2020 diversas instituciones de todas las verticales de negocio también tuvieron eventos de seguridad y alrededor del mundo hemos visto casos como los de Facebook que tuvo pérdidas de más de 3 millones de registros, Google perdió más de 500 mil, Uber ha presentado vulneración por casi 57 millones de registros, Under Armour, marca de ropa deportiva, tuvo pérdidas por 150 millones, la cadena hotelera Marriott fue vulnerada en varias ocasiones por 500 millones de registros, Ticket Master, British Airways y así la lista continúa.

Por otro lado, el CEO Noel Bederman, fundador de la web de citas Ashley Madison, dejó su puesto como máximo ejecutivo de Avid Life Media, la matriz de la compañía, después de haber sido víctima de un ataque de ciberseguridad con el que perdió 37 millones de registros.

La misma historia corrió el CEO de Equifax (el homólogo del Buró de Crédito Mexicano) que en 2017 fue cesado desde que fue atacada la empresa que lideraba y perdió datos crediticios de casi el 33% de la población estadounidense.

Y la lista de CEO despedidos continúa: el de Home Depot, en 2016, el de la compañía austriaca FACC por una estafa de 50 millones de dólares, el CEO de Sony, etcétera.

Para este 2021 se esperan fuertes ataques sociales motivados por el deseo de tener acceso a las vacunas contra el covid-19, así que el *phishing*, los sitios apócrifos y de estafas estarán presentes. Tome sus precauciones y observe con claridad la validez de sus registros y páginas a las que quiera tener acceso. Le invito a tener una charla, capacitación o simulación en su empresa sobre cómo la gente puede ser atrapada con este tema de la vacunación.

Le pregunto entonces: ¿El CEO o consejo de su organización están preparados? ¿El CEO de su empresa se desempeña como el líder de una estrategia holística de seguridad? Si su respuesta es afirmativa ha dado un primer gran paso. Pero si usted es un CEO o alto ejecutivo de su empresa, está acompañándonos en la lectura de este documento y no tiene claridad, conciencia o interés en lo que está sucediendo con la ciberseguridad alrededor del mundo, le recomiendo que preste mucha atención, ya que el objetivo principal es que usted se sensibilice y aprenda a minimizar los riesgos de su empresa al considerar sus activos y los de sus clientes como lo más importante de su estrategia. Además, usted podrá evitar el riesgo de perder su posición en la empresa o su propia empresa.

Como puede observar entre líneas la superficie de riesgo ha cambiado, cada día es más amplia y el perímetro físico se diluyó.

Es recomendable que toda estrategia de seguridad considere dos puntos clave fundamentales: el primero es la ciberseguridad, es decir, todo aquello en torno a los temas de tecnología (*hardware, software,* comunicaciones, datos, etcétera) y el segundo punto es conocer inicialmente, y después incrementar, el nivel de madurez en la gestión de los procesos de ciberseguridad, práctica conocida usualmente como el SGSI (Sistema de Gestión de Seguridad de la Información).
Sin lugar a duda es necesario que identifique sus activos críticos, es decir, "las joyas de la corona".
Y además de observar estos puntos le invito a pensar que la ciberseguridad es una inversión y seguramente le solicitará recursos; sin embargo, tenga presente que por más dinero que invierta jamás tendrá una certeza al 100% de que no será vulnerado. Por lo tanto, empiece por realizar un análisis de riesgo, tanto tecnológico como de procesos, y determine dónde están las áreas de oportunidad, de modo que sepa por dónde deberá dar sus pasos primarios para minimizar los impactos a su empresa.

En múltiples foros en los que me he presentado me agrada brindar la siguiente cita:

"Derivado de la conexión global digital de los seres humanos y empresas, de una forma u otra y tarde o temprano, estaremos expuestos a contenido malicioso que afectará nuestro activo más valioso: la información".

Si desconoce este tema, tiene incertidumbre o se pregunta por dónde empezar o quién puede ayudarle a evaluar o fortalecer sus esfuerzos actuales, lo invito a acercarse con especialistas en la materia. Existen casas consultoras, consultores independientes y fabricantes especializados en seguridad (empresas como Data Warden) que pueden lograr un buen balance entre su experiencia, el músculo de su organización, y la experiencia en el tema, de esta forma la curva de aprendizaje y acción será menor y usted podrá sentirse más seguro, resguardado e identificará si los pasos que piensa dar o está poniendo en marcha tienen un camino dirigido al éxito.

Capítulo 2
La ciberseguridad como habilitador de negocio

"Si los altos ejecutivos de la organización no se preocupan por la seguridad, el ciberdelincuente se ocupará de sus activos".

Juan José Luis Cisneros López

En el capítulo 1 conversamos sobre la estrategia de ciberseguridad, sus metodologías y consideraciones tecnológicas; sin embargo, es evidente que la seguridad en nuestras organizaciones tiene el claro gran reto de mantener la operación del negocio para alcanzar los objetivos financieros; es por esto por lo que en este momento vamos a entender que la ciberseguridad debe ser un componente que lleve a la organización a lograr sus objetivos.

¿Qué es un habilitador tecnológico y cómo este ayuda a que la organización alcance sus objetivos estratégicos?

Un habilitador tecnológico, en palabras simples, son las herramientas que permiten que la transformación digital sea posible. Las tecnologías habilitadoras o KET (Key Enabling Technologies) son tecnologías intensivas en conocimiento, que han sido identificadas como inductoras de innovaciones en diversos sectores económicos, y que potencialmente podrían provocar altas disrupciones en la economía y la sociedad en los próximos 10-15 años.

Según distintos estudios internacionales de prospectiva tecnológica, los habilitadores tecnológicos se caracterizan por tener un alto grado de I+D (en Ciencia, Tecnología o Ingeniería), ciclos de innovación rápidos y por combinar innovaciones físicas.

¿Cuáles son las ventajas de contar con un habilitador tecnológico?

Podría numerarse una gran variedad de ventajas según la industria en la que se implementen, pero las más representativas son:

Automatización: sustituye trabajos mecánicos que pueden perjudicar la salud del operario o simplemente que restan tiempo que podría dedicarse a trabajos más creativos y funcionales (por ejemplo Tecnología: Industria 4.0, automatización industrial y robótica, Inteligencia Artificial y computacional).

Reducción de costos: optimiza su recurso humano y ayuda a disfrutar de recursos, soluciones y gestiones multitarea.

Alta capacidad operativa: perfecciona todas las fases de desarrollo de producto, entre diversas cadenas de valor industrial y su capacidad para mejorar la conectividad, los sistemas y sus trabajadores con el fin de lograr el mix idóneo tecnología-trabajador.

El tema es cómo convertir o racionalizar la seguridad como habilitador de negocio a pesar de las restricciones presupuestales.

Por ejemplo:

Obsolescencia tecnológica

Inhibe:

1. El lanzamiento de servicios y productos disruptivos por canales digitales.
2. El diseño de estrategias de Big Data, movilidad y *cloud computing.*

Diseño de estrategias de Big Data, movilidad y *cloud computing* con el adecuado manejo del riesgo.

Habilita:

1. El lanzamiento de servicios y productos disruptivos por canales digitales a pesar de las amenazas persistentes.

Conceptos como Security by Design

Habilitan:

1. Resiliencia de los negocios y arquitecturas digitales.

No todos los negocios digitales alcanzan el éxito esperado, y uno de los factores que propician este fracaso es la falta de disrupción en el mercado, no necesariamente la falta de buenas ideas. Una idea excelente pierde su fuerza disruptiva si no es capaz de posicionarse en el mercado antes que su competencia. De ahí que la actitud tanto del CIO como del CISO debe ser la de convertirse en habilitadores del negocio, trabajando en forma ágil y eficaz, compartiendo enfoques integrales de punta a punta con una visión que incorpore los procesos de negocio y con la adecuada gestión del riesgo en función de las necesidades del mismo, pasando del análisis de riesgo técnico de seguridad a otro en el que el factor de aceptación del riesgo gire alrededor del negocio, manteniendo la confianza digital y la protección de los activos digitales e impulsando la creación del negocio digital.

Por lo tanto, hay que innovar no solo en el negocio, sino que también en la ciberseguridad a través de la colaboración. Este aspecto es de primera prioridad para las organizaciones, así que no debe seguir esperando, es tiempo de tomar la iniciativa. Hace ya algunos años la posición de líder del área de tecnología solía reportar al CFO (Chief Financial Officer: director de finanzas) debido a que la TI (Tecnología de la Información) no era considerada un área estratégica, y comúnmente era mencionada como un área de gastos (aún en algunas empresas sigue funcionando así). Al paso de la última década la TI se ha posicionado cada día más fuerte como un área estratégica de negocio donde la cabeza del área (CIO: Chief Information Officer) es ahora reconocida como parte del nivel CxO.

Es importante hacer notar que para este 2021 el CISO parece tomar su nivel de madurez adulta, quiero decir que se incorpora con la posibilidad de tener una silla en el board, porque es un creador de estrategias relevantes de valor y de protección para los activos de la organización. Como lo decíamos en líneas anteriores esta posición y la del CIO deberán trabajar de la mano para alcanzar resultados espectaculares en su empresa.

Regresando a los resultados corporativos, en el *2019 CEO Survey: The Year of Challenged Growth,* de Gartner, documento que referencia a 2020 como el año del crecimiento, ya se hablaba de que los CIO tenían que aplicar la tecnología para ayudar a los CEO (Chief Executive Officer) a diversificar los canales de ingresos, de modo que se tuviera una generosa utilidad y se adquiriera la capacidad de gestionar geográficamente en una economía global más activa.

Durante el proceso presupuestal se observaba que la tecnología ocupaba el tercer nivel en el control de los costos a través de herramientas, pero ocupaba una posición de primer nivel para la mejora de la productividad.

La gestión del talento, el manejo centralizado de datos y la habilitación de tecnologías se han convertido en las más codiciadas competencias.

Asimismo entre las 11 principales prioridades corporativas de un CEO, solo el 7% tenía en su mente que la gestión del riesgo fuera importante. Pero, cuando el CEO integraba la TI, consideraba para el área 14 prioridades entre las que la ciberseguridad tan solo se posicionaba como el lugar 6, a pesar de que el crecimiento a través de la transformación digital ocupaba el primer nivel.

Para 2021 la ciberseguridad ocupa la posición número 1 entre las preocupaciones de los CIO, y esto nos hace reflexionar sobre cuál es la forma correcta de lograr que un presupuesto de TI presente de la forma más adecuada la solicitud de inversiones o gastos alrededor de estos proyectos. Los modelos de valor para una empresa serán mejor recibidos conforme a los resultados que la TI pueda presentar a partir de sus inversiones y de cómo mantiene o mejora los servicios de la TI en operación para beneficio del negocio. Es fundamental que el CIO tenga las habilidades para presentar datos que simulen el impacto de las inversiones de la TI que favorecieron los resultados.

Algunos puntos relevantes que siempre suman mucho en el apoyo financiero del nivel CxO (Chief X Officer) son:
- Presentar información de eventos económicos del exterior y cómo estos han impactado a la vertical de la industria a la que pertenecemos.
- El incremento o estadísticas de los eventos de amenazas existentes.
- Cómo reducir fuertemente costos de riesgo monetario o reputacional.
- Cómo un proyecto puede brindarnos una ventaja competitiva.

Siempre debemos encontrar la forma de poder presentar esta información con KPI (Key Performance Indicator) significativos.

Recomiendo ampliamente contar con indicadores precisos que brinden la posibilidad de observar mejoras significativas en los procesos o en los resultados de la organización. Para darle un ejemplo de un indicador de mejora en el ramo del cumplimiento normativo imagine esto:

Definición del indicador
Índice de cumplimiento. Muestra el porcentaje de cumplimiento de los requisitos regulatorios. En función de que esto suceda y se cumplan más, se reduce el riesgo de multas por parte de las autoridades, se incrementa el nivel de madurez de la seguridad y se disminuyen los riesgos de la organización.

Cómo calcularlo
El porcentaje de cumplimiento es igual al número de requisitos de cumplimientos cubiertos en su totalidad dividido entre el número de requisitos que un documento normativo solicita.

Ejemplo
Durante 2020 el manual del SPEI 5.4 solicitó cumplir 25 requisitos, pero en la organización tenemos cubiertos 20 hoy en día. Entonces:

Índice de cumplimiento = 20/25, lo que significa que tenemos un 80% cubierto.

Un proyecto relacionado con este indicador puede ser mejor aceptado si se muestra el avance requerido y cuánto puede impactar en multas o vulnerabilidad por no tener el 100% de la normatividad requerida.

En muchas ocasiones la optimización de costos es clave para obtener un fuerte apoyo de la dirección al momento de solicitar presupuestos para la seguridad.

La alineación de las estrategias del negocio a la optimización de los costos es fundamental, pues debe ser capaz de presentar presupuestos que se basen en el impacto al negocio, y es importante que un proyecto de seguridad no se vea como algo aislado que no aportará valor.

Veamos algunas acciones clave para lograr este objetivo.
Debe observar que, en el caso de un evento de seguridad, un proyecto pueda dar evidencias del resultado aportado en la disminución del impacto o en el valor agregado al negocio.
Como ejemplo, imagine que plantea un proyecto de doble factor de autenticación en el trabajo remoto, luego llega el covid-19 y todos empiezan a trabajar en casa; su empresa supera ese evento derivado de la pandemia y trabajan a distancia con un mejor nivel de certeza en la seguridad de su trabajo, sus colegas de trabajo no enferman, no mueren, su empresa logra tomar clientes de la competencia porque usted opera al 100%; por lo tanto, la empresa crece. Finalmente, usted demuestra que lo que era intangible en este caso aportó al crecimiento de la organización y dio valor a otros elementos laterales.

Las tendencias de ciberseguridad han evolucionado, así que usted debe pensar en qué momento de madurez está su organización y plantear con claridad cómo cubrir el riesgo de una manera estratégica que aporte valor al negocio.

Debe plantear proyectos de acuerdo con la técnica de análisis de riesgo seleccionada en su organización; quizás la decisión sea mantener la operación funcional aun en un evento de seguridad, de modo que puedan generar una optimización de los costos e impactos financieros o quizás la decisión sea crear procesos o políticas que tengan acuerdos entre las áreas que verdaderamente aporten valor a la empresa.

Un consejo al evaluar los riesgos en su organización es incorporar un modelo como el PESTLE o PEST para identificar factores del entorno general. Este modelo sugiere estar atento a elementos políticos, tecnológicos, legales, económicos, sociales y ecológicos, todos ellos como posibles actores que presionan los resultados a favor o en contra dentro de las organizaciones. Los datos son el elemento clave para plantear una buena toma de decisiones: indicadores derivados de reportes (accesos a bases de datos, transacciones, volumen de operaciones), inventario de los activos, licenciamiento y sus versiones, etcétera. Debe plantear un panorama claro que muestre su situación actual y qué puntos pueden recibir impactos importantes en caso de ser vulnerados. Esto evitará juicios y percepciones, y se enfocará en el factor de la organización.

Planteé elementos alcanzables a corto plazo, elementos reales que puedan estar alineados a eliminar o minimizar los mayores riesgos de la organización.

Financieramente hablando el llamado *cost allocation* es clave. Típicamente TI es quien solicita recursos para los proyectos relacionados con tecnología y esto no es el deber ser. Por ejemplo, si el departamento de ventas quiere vender más, no significa que TI deba ser quien sugiera herramientas solo porque sí. El director comercial es quien determinará y será el dueño del proyecto, ya que es él quien conoce qué es lo que necesita para incrementar sus ingresos comerciales; en este caso TI será un habilitador para el negocio y con su recomendación y haciendo equipo con el director comercial podrá pedir el presupuesto necesario.

En ciberseguridad el CISO puede desarrollar un análisis de riesgo con los directores de áreas funcionales y con esto el equipo de TI puede plantear o sugerir proyectos para minimizar los riesgos detectados.

Dentro de los elementos claves de la estrategia digital están el suministro y la demanda. Le sugiero tener un plan apropiado de planeación presupuestal, es decir, procure saber qué y cuándo realizará adquisiciones por gastos de operación o por inversión (capex u opex), con la finalidad de ganar las oportunidades que los fabricantes presentarán en el año. Permítame explicarle con ayuda del siguiente ejemplo: las proveedurías relacionadas con el suministro, ya sea equipos de *hardware*, pólizas de servicio o mantenimiento, tienen épocas clave: los fabricantes tienen momentos específicos para su cierre fiscal de año y no siempre terminan en el mes de diciembre; averigüe cuándo sucede y tómelo como una oportunidad en la negociación de compra, renta o en la renovación de servicios para optimizar los costos en su presupuesto y a su vez comuníquelo al comité ejecutivo para que pueda tener un punto a su favor en la autorización de su presupuesto.

Por otro lado, **la información a la dirección general sobre**

el entorno global existente es fundamental. Puede usted plantear de forma clara las tendencias globales que grandes firmas de investigación predicen que serán los proyectos más relevantes. Por ejemplo, la consultora Gartner plantea en el "Top 10 Security Projects for 2020-2021" temas como:
- Seguridad en sus colaboradores remotos
- Riesgo basado en la gestión de vulnerabilidades
- Detección y respuesta extendida (XDR)
- Gestión de la seguridad en la nube
- Simplificación de los accesos de control a la nube
- Protocolo de autenticación de correo electrónico (DMAR)
- Autenticación sin contraseña
- Clasificación y protección de datos
- Evaluación de las competencias de la fuerza laboral
- Automatización de las evaluaciones de riesgo

Esto impacta directamente a la dirección general y le permite tener conciencia de su toma de decisiones. Por otro lado, piense que esto es un seguro de vida, ya que la empresa no podrá reclamarle nunca que no informó sobre posibles riesgos del mercado.

Ahora cuenta usted con herramientas para plantear proyectos de TI, ya sea de manera general o en ciberseguridad que permitan que usted se vea como un área y un líder más estratégico y no sólo como un gasto. Aporte valor, demuestre que la empresa lo requiere para alcanzar los objetivos organizacionales. ¡Éxito!

JLCL... 53a

Capítulo 3
Evolución de la superficie de riesgo

Evolución de la superficie de riesgo

> *"La tecnología nos está enseñando a ser humanos de nuevo."*
>
> Simon Mainwaring

Si bien la transformación digital es una constante, es sabido por todos que en los últimos años y particularmente durante 2020 cambiaron radicalmente las reglas del juego, una gran cantidad de servicios y modelos de negocio han migrado hacia un mundo enteramente digital. La gestión de la cadena de suministros, la administración contable, el control y monitoreo de los sistemas de cómputo, la comunicación interna de la compañía, solo por mencionar algunos, son elementos intrínsecos de las empresas que han dado un salto hacia el futuro.

La normalización del teletrabajo como un esquema ordinario de trabajo ha dejado expuestas a las compañías a una cantidad mayor de riesgos no controlados de ciberseguridad; desde temas técnicos, como la falta de control y exposición del flujo de datos de la computadora de los empleados al conectarse a la cafetería preferida, hasta el riesgo de exposición de datos confidenciales por no bloquear la pantalla al levantarse o simplemente por unos ojos curiosos que pudieran estar cerca. Ahora que el perímetro normal de seguridad se transformó de controles básicos a mecanismos de gestión de identidad, debemos ser capaces de entregar los mismos niveles de seguridad a la organización.

Elementos como la ingeniería social, que pueden llevar a la pérdida de información o pueden ser la entrada de ataques aún más severos, han tenido un desarrollo notable durante el último año y seguirán en crecimiento durante esta década, porque las personas han llevado más situaciones de su vida a un mundo completamente digital, motivo por el cual los ciberatacantes han tomado ventaja sobre la curiosidad de la gente.

Temas como:
- Cura contra el covid-19
- Vacuna y efectos secundarios
- Nuevas medidas para reducir el contagio de covid-19

han sido el foco de fuertes campañas de Ingeniería Social que buscan tomar el control de la información privada de los usuarios y las empresas.

Riesgos relacionados con el teletrabajo

Ahora que el teletrabajo es algo cotidiano no podemos dejar pasar los riesgos que vienen con él. La urgencia de llevar a casa a los empleados y permitirles seguir con su operación empresarial desde ahí entregó en sí una solución a la movilidad, pero como cualquier otra tendencia debemos hacerla madurar y es necesario llegar al punto en el que repliquemos de forma idéntica el escenario de conectividad que tenemos en el ambiente corporativo. Políticas de seguridad, automatización en la instalación de parches del sistema, mantenimientos, reglas de navegación y transmisión de datos en redes públicas o de invitados son parte de lo que hay que tener en cuenta para sostener de manera segura un equipo de trabajo a la distancia.

Algunas de las situaciones de riesgo más comunes del teletrabajo son:

- **La capacidad de conexión a redes no seguras.** En la mayoría de los casos se ha dado al usuario la libertad de conectarse a cualquier red wifi y, aún peor, en muchas ocasiones depende enteramente del usuario la decisión de conectarse o no a la VPN, de manera que se incrementan las posibles vulnerabilidades porque no se pueden establecer políticas que bloqueen posibles riesgos.

- **Los elementos no protegidos en la red local.** Los atacantes ahora pueden confiar más en la posibilidad de que en una red local habrá uno o más equipos accediendo a información valiosa de una organización, entonces el objetivo no es directamente el equipo empresarial, sino cualquier otro que pueda verse involucrado en la red de casa: desde un dispositivo IoT con baja seguridad, hasta la computadora de alguno de los niños de la casa o similar.

Evolución de la superficie de riesgo

- **Uso de los activos de la empresa como personales.** Ante la existencia de un nuevo equipo de cómputo en casa, es posible que al terminar la jornada laboral el equipo empresarial sea utilizado para temas personales (compras *online*, ver películas, usar la banca en línea, etcétera); de forma inicial esto incrementará el valor de dicho equipo para los ciberdelincuentes, además, por lo ya mencionado, en variadas ocasiones la falta de replicación de las reglas y políticas de navegación lo hará más susceptible a errores humanos y, por lo tanto, a la exposición de los datos confidenciales de la compañía.

En otro orden de ideas otra gran superficie en evolución es el incremento de operaciones comerciales en los sectores de venta al por mayor o *retail*, las cuales subieron dramáticamente durante 2020 y llegaron para quedarse, ahora con un fuerte sobre impulso en las aplicaciones digitales. Imperva, un fabricante líder de mercado en el mundo de las tecnologías de seguridad, menciona en su documento "The State of Security within eCommerce" del 2020 que los 3 principales ataques en la web son:

- *Remote code execution* (RCE) que es el intento de los ciberdelincuentes para explotar vulnerabilidades en sus páginas web para correr *malware* o aprovecharlas para correr un código malicioso sobre los *servers*.
- *Data leakage* que es la modificación de datos sensibles, muchas veces financieros, como de tarjetas de crédito, para realizar fraudes.

- *Cross-site scripting* (XSS) que es la inyección de un código malicioso en una aplicación web vulnerable. A diferencia de otros ataques web este tipo no procura atacar la aplicación como tal, su objetivo principal es comprometer cuentas de usuario, activar programas de ataque como los troyanos y modificar contenido.

Las estadísticas indican que Estados Unidos lidera el mayor número de ataques con un 57%, si hablamos de verticales en general, y 49%, si nos enfocamos solo en la vertical del *retail*, seguido por el Reino Unido, España, Singapur y Rusia.

Los ataques a las API en cualquier vertical son una fuerte tendencia que no disminuye y se verá incrementada nuevamente, ya que el uso de las API es muy demandado y se extiende de forma amplia entre las organizaciones; por ejemplo, se calcula que en 2019 el 83% de todo el tráfico en web era gestionado a través de las API.

Esta cantidad de operaciones genera mayor apetito entre los ciberdelincuentes y por ende los ataques aumentan.

Grandes firmas de investigación como Gartner estiman que en 2022 y en adelante los ataques a través de las API serán el vector de ataque con mayor foco y preocupación ya que los agresores procurarán vulnerarlas.

TI se encuentra en el ojo de la tormenta

El aislamiento obligatorio durante 2020 y 2021 ha planteado un desafío para las áreas de tecnología en cualquiera de los sectores empresariales; todo esto causado por la necesidad de acelerar los procesos de transformación digital para adaptarse a nuevas formas de trabajo, lo cual será una constante en los próximos años. En Latinoamérica países como Colombia, Chile y Perú han liderado este tipo de procesos con una penetración remota de al menos un 68%.

Los principales hitos son la falta de inversión y la resistencia al cambio cuando se busca un modelo más moderno o adaptable a la nueva realidad. Existe una percepción de mercado para el que las empresas no estaban preparadas. Según estudios como el "PageGroup Latam Insights 2021" informan que solo el 14.3% estaba listo para confrontar estos nuevos modelos.

Los modelos de inversión en TI están priorizando para este 2021 el **objetivo del negocio** y están poniendo en segundo lugar los recursos disponibles. Las tendencias más fuertes para los próximos años son: la priorización de la infraestructura en las redes de sistemas, adquisición de tecnologías de punta y, en México hay una fuerte tendencia de la contratación del mejor talento.

Este 2021 las empresas nacionales buscarán sobrevivir y en su caso crecer siendo más competitivas, esto las embarcará en la búsqueda del mejor talento para sus operaciones, pero enfocando la inversión principalmente en mejorar las infraestructuras de sistemas. Un punto adicional para las organizaciones será que tengan un fuerte foco en los temas de proceso para optimizar recursos; sin embargo, el tema del talento humano para resolverlo llegó para quedarse, así que considere que hay pocas personas capacitadas y especializadas y usted requerirá de gente con buen nivel para enfrentar la próxima década digital.

Nuevas metodologías y formas de trabajo

Las diferentes áreas funcionales de la organización se han visto desafiadas con la virtualidad, la cual trae consigo retos en las formas de liderar y en la gestión de los equipos de trabajo. El concepto de la agilidad toma entonces forma y renombre para este 2021 y su vigencia será permanente. Los grupos ágiles dentro de la organización toman mucho más peso: las reuniones remotas constantes y el trabajo en colaboración están estructurando nuevas formas de impulso para alcanzar los resultados ejecutivos.

Le aconsejo tomar en cuenta esta dinámica ya que el trabajo remoto es una nueva forma de vida que, gestionado apropiadamente, potencializa los resultados en la organización.

Los factores de la gente

El factor de la gente durante la pandemia ha traído grandes desafíos, como era de esperarse. A partir de la crisis sanitaria las empresas realizaron cambios en sus estructuras para generar ahorros; por ejemplo, estudios de PageGroup Latam indican que 20.9% de los bonos fueron eliminados.

Un cambio inmediato que impuso la cuarentena fue que recurrimos a la modalidad remota para poder mantenernos operativos. ¿Por qué decimos que fue un cambio inmediato? Bueno, antes de esto el *home office* era un beneficio laboral y ahora es un deber ser para mantener la continuidad.

Evolución de la superficie de riesgo

Es notorio que países latinoamericanos como Colombia, Perú y Brasil marcan una tendencia en la modalidad porque recurren a talentos de otras naciones.

Por otro lado, como existe la necesidad de talento, pero paralelamente se necesita reducir los presupuestos, las empresas se ven obligadas a generar de forma interna sus procesos de capacitación para mejorar las habilidades, pero cuidando el gasto. Pero no todo es tan crudo, para este 2021 la expectativa de incremento de contrataciones será mayor a 39.7% en las áreas de tecnología e informática, en los equipos de operaciones incrementarán un 34.1%, en los departamentos de ventas un 15.7%, en marketing un 4.2% y en finanzas 3.1% (datos del "PageGroup Latam Insighths 2021"). Se percibe claramente que la lucha entre las empresas por el talento humano será un factor clave en los mercados. ¿Qué hará usted para retener a su talento y cómo lo desarrollará?

¿Cuáles son las interrogantes en la evolución actual?

¿Qué debemos hacer? Realizamos teletrabajo o no lo realizamos. Hemos visto en múltiples empresas cómo los procesos típicos y legados no necesariamente deben ejecutarse obligatoriamente dentro de las oficinas, esto nos permite nuevas formas de operación, reducción de costos y creación de otros beneficios para la gente, clientes y para la organización.

Mencionamos a lo largo de este capítulo que el talento es un eslabón fundamental para el crecimiento organizacional. Este desafío impacta directamente a la gente de capital humano, ya que en su búsqueda de reducción de gastos colocan más

responsabilidades a otros actores dentro de la organización.
Pero en el fondo esto ha sido bueno, pues en muchos casos las direcciones observan cómo hay una evolución en el desarrollo de competencias dentro del personal interno. Por otro lado, las habilidades blandas como la gestión están tomando gran relevancia, ya que los colaborares empatan agendas de carga laboral diaria con tareas diarias y en algunos casos incluso apoyan a colegas que pudieran pasar por procesos de salud intermedios en la pandemia.

Una lección aprendida en esta evolución es que las habilidades más demandadas por los líderes actuales son la comunicación y la adaptabilidad.

Los altos ejecutivos prefieren un sistema mixto hasta en un 74.5%, las empresas de la vertical financiera luchan por montar un 43.8% de sus áreas en modelos mixtos.

Sin embargo, el 15.1% de las empresas familiares defienden su interés por sistemas presenciales.

A nivel global un 80.7% priorizará el teletrabajo siempre y cuando no sean tareas relacionadas con la operación de maquinaria. Pero áreas como ventas, mercadotecnia y finanzas son actores factos para el trabajo remoto.

Así el momento actual y la evolución de las superficies. Como verá no todo es tecnológico: los procesos, la gente, capital humano, habilidades, presupuesto y las contrataciones constituyen toda una superficie de riesgo impulsada por temas de pandemia que finalmente ponen en riesgo y en alerta a los sistemas de seguridad.

Capítulo 4
Protección de datos de nueva generación

Análisis de riesgo, seguridad de la información y seguridad de los datos

Seguridad buscará minimizar al máximo el riesgo, ya que no hay forma de evitar todas las amenazas. Se busca aceptar que estamos a nuestro mínimo nivel aceptable de exposición al mismo.

El objetivo de la seguridad, como lo presenté en capítulos anteriores, es minimizar los riesgos, y la organización deberá determinar cuál es su riesgo aceptable. En otras palabras, sabemos que nunca tendremos el 100% de la certeza de no ser vulnerados, así que debemos gestionar ese nivel de probabilidad. Podemos entenderla también como la forma de protegernos de algo que nos puede dañar, entonces es importante cuidar la información e identificar siempre su importancia y criticidad.

La información puede estar en muchas formas y lugares, como en el centro de datos local de la empresa o en la nube, pero estos múltiples lugares de donde proviene y se almacena nos dejan un problema importante a resolver y es la manera en que vamos a defenderla.

Hay dos formas de ver la estrategia de seguridad: cuando

se trata de algo tangible (entiéndase *hardware* como los *switches*, *firewalls*, servidores, *endpoint*, etcétera), estamos hablando de la ciberseguridad y cuando solo se habla de cómo asegurar o proteger la información, normativa y procesos estamos hablando de seguridad de la información.

Desde el punto de vista corporativo y del organigrama debería primeramente existir un grupo líder de gobierno de TI. Este equipo, persona o líder de gobierno será el responsable de implementar las mejores prácticas partiendo de un análisis de riesgo, de modo que pueda crear una estrategia holística de seguridad que incluya los datos.

Gracias a la visibilidad e información de inteligencia con la que actualmente contamos y al conocimiento de cómo se comportan los atacantes durante una intrusión o brecha de seguridad (me refiero a las tácticas, técnicas y procedimientos que utilizan) sabemos que durante una amenaza o ataque se explotan diferentes aspectos simultáneos de nuestra plataforma de protección.

Por lo tanto, es importante contar con las plataformas y procesos de detección y respuesta que nos permitan responder de forma orquestada y automatizada, y que además nos faciliten el análisis *post mortem* para determinar qué vulnerabilidades o aspectos débiles de nuestra infraestructura o programa han sido explotados. Recordemos que en la medida en que detectemos oportunamente un ataque y respondamos al mismo podremos tener la oportunidad de mejorar nuestros controles de protección y evolucionar la postura y nivel de defensa positivamente.

Conceptos importantes en la seguridad de datos

Ingeniería de la seguridad de datos

Un ingeniero de seguridad buscará en todo momento garantizar que no sucedan eventos que puedan alterar o extraer nuestros datos. Esta especialidad realiza pruebas e implementa características en los sistemas para que permanezcan seguros.

La ingeniería de seguridad tiene un campo de acción muy amplio y entre sus actividades puede ejecutar pruebas como las llamadas *pentest*, evaluación de los códigos del *software*, la creación de una arquitectura que garantice la seguridad en las aplicaciones, así como las reglas de bloqueo para accesos de roles y responsabilidades en una red, entre muchas otras.

Cifrado

Wikipedia describe el cifrado "como el procedimiento que utiliza un algoritmo de cifrado con cierta clave para transformar un mensaje, sin atender a su estructura lingüística o significado, de tal forma que sea incomprensible o, al menos, difícil de comprender a toda persona que no tenga la clave secreta del algoritmo". Es decir, la información o datos cifrados no son reconocibles ni entendibles a simple vista al momento de que son sustraídos por un ciberdelincuente.

Network detection and response (NDR)

Es un tipo de solución de seguridad que se utiliza para detectar y prevenir actividad maliciosa en la red; entre sus características permite realizar investigación forense y encontrar las causas raíz de un evento de seguridad, lo que facilita la respuesta y mitigación. Este tipo de soluciones ayuda en ataques que puedan incluso no ser amenazas de *malware* como ataques internos, abuso de credenciales, movimientos laterales y exfiltración de datos; también brinda a las unidades de seguridad la visibilidad de lo que sucede en las redes y la actividad que se está realizando, y con esto se puede habilitar al equipo para que tenga una respuesta ágil e inmediata en la identificación de actividad maliciosa, lo que reduce los impactos negativos.

La consultora Gartner definió la categoría de soluciones NDR en 2020 a partir de la gran cantidad de ataques que hubo de ciberdelincuentes y clasificó entonces esta categoría. Es una evolución del antes llamado "análisis de tráfico de red", sin embargo, hoy se toma con mayor relevancia que estas herramientas tengan una mejor capacidad de respuesta, como enviar acciones automáticas a equipos (por ejemplo *firewalls*) para poder generar *drops* a tráficos sospechosos o ser apoyo para el *threat hunting* y para dar respuesta a incidentes.

Las herramientas de hoy se ven habilitadas por el comportamiento analítico, el aprendizaje de máquina (ML) y la inteligencia artificial (AI) de la nube. Algunas de sus fortalezas son determinar el riesgo de amenazas, incrementar las acciones de forma automática, tener elementos de telemetría, entre otras.

Inteligencia artificial (AI) y aprendizaje de máquina (ML)
La inteligencia artificial es un proceso basado en algoritmos que crea programas que pretenden simular las funciones de conocimiento del ser humano, con el fin de que puedan ejecutar tareas e interactuar con personas. Algunos ejemplos de inteligencia artificial son las simulaciones en diferentes industrias para recomendaciones, procesamiento de lenguaje natural, autonomía vehicular, etcétera.

El ML, por otro lado, es el conocido aprendizaje automatizado que también busca generar máquinas con conocimiento, sin embargo, esta es una rama de la inteligencia artificial enfocanda al aprendizaje en cómputo. Esto significa que se desarrolla un aprendizaje que incrementa al analizar datos entregados por los propios usuarios.

La digitalización incrementó el área de vulnerabilidad y los ingenieros se esfuerzan más y más para poder contener los ataques. Aquí es donde, dada la eficacia de ambas técnicas, surgieron herramientas y plataformas que ayudan a gestionar este riesgo de vulnerabilidad. Estructuras como Mitre Att&ck analizan el mundo real y evalúan las amenazas y la estrategia de seguridad; mientras que la IA proporciona información de cómo podemos recibir un ataque y ayuda a que los expertos puedan tener un entendimiento del tema más ágil.

Otro proceso muy utilizado es el credential *stuffing*, que

ayuda a las organizaciones a detectar la amenaza del robo de credenciales y otros ataques. La posibilidad de evitar un ataque en etapa temprana incrementa mucho el valor de estas herramientas porque ayudan a observar mejor el acercamiento de los ciberdelincuentes desde el exterior. Últimamente Mitre, Microsoft, IBM y otros presentaron un marco diseñado para identificar, responder y remediar los ciberataques dirigidos a sistemas de ML.

Entre las nuevas amenazas de acuerdo con el *Top 10 de tecnologías estratégicas de Gartner para 2022*, el 30% de todos los ciberataques emplearán técnicas de *data poisining* o la sustracción de muestras y modelos de ML para atacar sistemas basados en inteligencia artificial.

Firewall

De acuerdo con la definición de CISCO, líder en equipo de *hardware* y comunicaciones, los *firewalls* son "dispositivos de seguridad de la red que monitorean el tráfico de red —entrante y saliente— y deciden si permiten o bloquean tráfico específico en función de un conjunto definido de reglas de seguridad. Los *firewalls* han constituido una primera línea de defensa en seguridad de la red durante más de 25 años. Establecen una barrera entre las redes internas protegidas y controladas en las que se puede confiar y redes externas que no son de confianza, como internet. Un *firewall* puede ser *hardware*, *software* o ambos".

Como puede observar, el *firewall* es un dispositivo con muchos años de presencia, por lo que hoy en día se incorpora un nuevo concepto que suma características y es conocido como: *New generation firewall* **(NGF)**

Estos sistemas de seguridad para redes pueden ser adquiridos como *software* o como *hardware*, y detectan y previenen ataques sofisticados forzando las políticas de seguridad en la aplicación, puertos y protocolos de comunicación.

Usualmente tienen capacidades empresariales, incluyen un sistema de prevención de intrusos o IPS y un control para las aplicaciones.

Además, poseen algunas características que les permite identificar qué pasa en las aplicaciones web y con esto pueden tomar decisiones de bloqueo de tráfico para evitar que las amenazas irrumpan una vulnerabilidad de su red.

Para identificar un poco mejor las diferencias diremos que los *firewalls* de primera generación cuentan con la capacidad de filtrar paquetes, traducen direcciones de red, bloquean y gestionan URL, VPN y servicios de Qos; sin embargo, los NGF agregan una revisión de SSL y SSH, una inspección superior en paquetes de comunicación, el reconocimiento de apps, detección y prevención basada en reputación y prevención de intrusos.

Análisis de vulnerabilidades

La gestión de vulnerabilidades es el proceso para detectar proactivamente activos, monitorearlos, mitigar, corregir y optimizar la forma en la que nos defendemos de ataques.

Este análisis evolucionó principalmente el concepto de la gestión de exposición cibernética o *cyber exposure* y hoy en día también está evolucionando la clasificación de las vulnerabilidades. La priorización predictiva (VPR o *vulnerability priority rating*) es otro concepto que Tenable, una de las grandes firmas de seguridad, lanzó; básicamente es un proceso que utiliza un modelo donde se determina qué vulnerabilidades pueden ser mayormente utilizadas para un ataque. La priorización predictiva sigue el camino de CVSS, que lleva un alcance y el impacto de las vulnerabilidades y se ve optimizada cuando se aplican funciones de aprendizaje automático y se hace un estimado de la probabilidad para priorizar las amenazas.

Pruebas de intrusión, pentest o análisis de penetración
Estas pruebas pretenden atacar los sistemas de forma controlada para poder detectar las vulnerabilidades existentes al momento. Usualmente son pruebas que realizan los conocidos como *hacker* éticos ya sea de forma manual o auxiliados por una serie de herramientas de *software* diseñadas para diferentes acciones como inyección de código, escaneo de puertos, fuerzas brutas, desbordamiento de *buffer*, entre otras muchas.
En la actualidad tienen una gran relevancia porque buscan agujeros que incrementan nuestra área de riesgo e incluso son sumamente utilizadas para el cumplimiento regulatorio, principalmente en la vertical financiera. Le aconsejo que

esta sea una práctica consistente, de dos o tres veces al año para que minimice sus riesgos, identifique claramente sus vulnerabilidades y pueda trazar como consecuencia un plan de trabajo para remediarlo.

La evolución de su importancia nos lleva ahora a un concepto más moderno:

Pentest persistente

Hay empresas que realizan *pentest*, pero en algunos casos solo dos veces al año, sin embargo, durante todo el tiempo entre una y otra prueba habrá cambios en la infraestructura y códigos, ya sea por actualizaciones, por vencimiento de certificados, contraseñas inseguras, etcétera. En cambio, si el equipo de seguridad puede ser habilitado para aplicar *pentest* diario a diferentes sistemas de la organización e incluso ejecutarlo 24 horas por 7 días a la semana, muy seguramente estaremos remediando muchos riesgos tecnológicos. Usted decida la frecuencia, pero esta herramienta le ayudará a observar mejor sus vulnerabilidades y le permitiría hacer planes recurrentes de trabajo que las remedien.

Información de seguridad y gestión de eventos (SIEM)

Esta solución conocida como SIEM (por las siglas en inglés de *security information and event management*) se utiliza en la detección y respuesta a las amenazas en un sistema. Registra los eventos que pasan de forma constante y permite realizar análisis que nos lleven al entendimiento de eventos que no son regulares en nuestra arquitectura. En tiempo real toma los eventos para su análisis y mitigación y, por otra parte, puede ayudarnos a gestionarlos manteniendo su registro y respaldo para su posterior uso como en los casos regulatorios.

XDR
En el concepto XDR (*extended detection and response*) busca obtener más información y correlacionarla a través de varias capas de seguridad (entre estas podemos hablar de correos, servidores, nube, la red, *endpoints*) con el objetivo de poder detectar de manera más ágil y eficiente las amenazas. Recuerde que los equipos de seguridad analizan los eventos y la información para poder mitigar y controlar un posible ataque. XDR habilita esto en un menor tiempo. Asimismo puede agrupar alertas para gestionarlas como un todo y así mejorar el esfuerzo aplicado al análisis. En el mercado encontrará múltiples fabricantes que presentan el concepto con soluciones similares y algunas fortalezas que deberá analizar. Recuerde que lo que se busca es actuar antes de que el enemigo nos vulnere, tomar decisiones más rápidas y mejores, obtener una mejor visibilidad y control y poder gestionar de mejor forma y con eficiencia los flujos de los centros de operaciones de seguridad.

Prevención de pérdida de datos (DLP)
Típicamente es una práctica que debe empezar en el departamento de gobierno, pues este define quiénes son

los dueños de la información, dónde viven, quiénes tienen acceso a la misma y su forma de distribución. Esto siempre estará alineado con los ejecutivos, que son dueños de estos datos, y aprobado por el comité de seguridad o el CISO. Una vez creado este proceso se podrán redactar reglas sobre las herramientas de DLP.

La información, que hoy en día es el mayor activo, no puede andar suelta y sin control, así que aplicar un correcto proceso de DLP minimiza ampliamente que la información de clientes, cuentas, usuarios, etcétera sea incluso vendida en la deep o *dark web* impactando a nuestra reputación empresarial.

Generando una nueva arquitectura de protección de datos
Una de las preocupaciones clave para la mayoría de las organizaciones es la seguridad de sus datos: planes, estrategias, presupuestos... Cada año, la inversión destinada a proteger la información aumenta, sin embargo, estos esfuerzos no siempre están bien orientados, pues ¿es lo mismo proteger un entorno productivo que uno de pruebas?, ¿pueden replicarse los criterios y parámetros de seguridad en *cloud* igual que en un entorno *on-premise*?, ¿cuál es la tecnología más efectiva?, ¿se requiere una solución centralizada o una independiente?

Las nuevas arquitecturas de protección y seguridad de datos abarcan 2 grandes áreas:
   1. **Recuperación de datos y respaldos**
   2. **Análisis y control de vulnerabilidades**

Protección de datos de nueva generación

¿Cómo contribuye BDA y la ciberseguridad a una cultura empresarial efectiva?

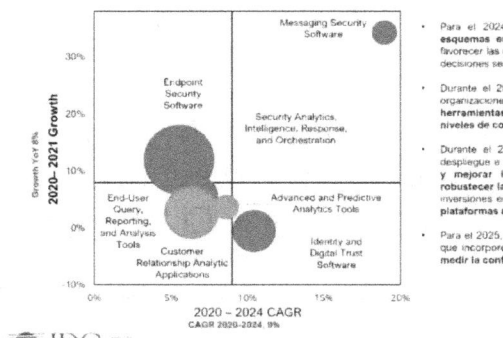

Big data, cloud computing, equipos móviles, redes sociales, virtualización, IoT están abriendo un nuevo mundo de posibilidades y formas de hacer negocios, al mismo tiempo que transforman las operaciones actuales respecto a la importancia de proteger datos que se encuentran en múltiples instancias y formatos. Los principales contenedores o medios de almacenamiento y procesamiento de datos en la red local e incluso en la nube aún hoy en día son las bases de datos, y es justamente en ellas en las que nos enfocaremos al hablar acerca de la seguridad de datos en el resto de este capítulo, así como de los procedimientos y herramientas de nueva generación disponibles para realizar el análisis y control de vulnerabilidades.

Unificando soluciones

Para mejorar la eficiencia y obtener mejores resultados debemos transformar un entorno actualmente diversificado de equipos de protección en uno del tipo "solución completa" que sea capaz de proporcionarnos la máxima protección de forma simple. Debemos unificar en una misma solución y panel de control todas las características indispensables, por ejemplo, análisis en tiempo real de vulnerabilidades, correlación de eventos, protección, control de acceso, análisis de comportamiento, administración de vulnerabilidades, etcétera.

Requerimientos funcionales y no funcionales de una solución unificada de recuperación de datos

Para que este tipo de soluciones llegue a convertirse en una oportunidad de cambio viable debemos evaluarlas a partir de criterios de usabilidad, simplicidad y flexibilidad. Sin embargo, no debemos caer en la confusión de identificar simplicidad con eliminación de características, debemos conseguir hacer más con menos a través de automatizaciones y optimizaciones de los flujos de trabajo.

Esta unificación debe ir acompañada de planes de protección personalizados que satisfagan necesidades específicas de protección de datos reutilizando al máximo los recursos y soluciones existentes o bien integrándolos a la nueva plataforma.

El negocio debe marcar el ritmo, nunca las herramientas
Si cada entorno TI es diferente, también lo es el análisis de requerimientos de nuestro negocio en relación con el *backup* y la recuperación de datos, los sistemas de protección perimetrales, los análisis de vulnerabilidades, etcétera. Debemos saber medir correctamente nuestras necesidades de disponibilidad a partir de métricas como RTO (tiempo en solucionar un incidente antes de que los sistemas regresen a la normalidad) y RPO (pérdida de datos tangible entre la copia de seguridad y un incidente), los cuales se han convertido en estándares en la continuidad de negocio. Para poder evolucionar, la herramienta debe adaptarse a nuestras necesidades, nunca en orden inverso.

¿Qué debemos tener en cuenta en la integración en entornos virtualizados, físicos o en la nube?
Entornos parcial o totalmente virtualizados, despliegues totalmente físicos (*on-premise*), en la nube o bien en formato mixto se han convertido en un hecho muy común. Los beneficios que ofrece la virtualización pueden ser aprovechados por cualquier solución de recuperación de datos siempre que tenga en cuenta las funcionalidades adicionales de soportar múltiples hipervisores y el despliegue de capacidades de protección de datos, migración y recuperación avanzada de una manera heterogénea. Sin embargo, podemos estar limitados en cuanto a las capacidades de análisis o seguridad a los que podemos tener acceso.

Debemos considerar también que la seguridad de los datos es todo un proceso en el cual es necesario tener claro lo siguiente:
- **Las herramientas no proveen seguridad, el personal sí.**
   - Las herramientas solo automatizan las acciones, pero requieren su seguimiento y administración.
- **La seguridad no la proporciona un solo producto, actualización o remediación.**
   - La seguridad se alcanza después de implementar proyectos y administración de las soluciones.
- **La seguridad en las bases de datos es un proceso**.
   - El monitoreo y la auditoría son solo algunos de los principales componentes requeridos para asegurar una base de datos.

Una plataforma unificada con elementos de registro y monitoreo, así como sistemas de administración y análisis de eventos de seguridad debe comprender los siguientes puntos indispensables:

1. Recopilar información de todos los eventos de seguridad de la plataforma generados por los distintos elementos de seguridad en esta.
2. Analizar la información adquirida y aplicar reglas preestablecidas, así como reglas basadas en comportamiento.
3. Ejecutar de forma automatizada labores de eliminación de falsos positivos.
4. Ejecutar tareas preestablecidas de remediación.
5. Generar reportes unificados referentes a la seguridad de las plataformas cubiertas.
6. Contar con una sola consola de gestión.

Protección de datos de nueva generación

Consideremos una implementación bajo los anteriores criterios orientada al análisis y control de vulnerabilidades; dicha implementación deberá integrarse por dos componentes principales:

A. **Componentes orientados a base de datos**, que realizan la protección perimetral de las bases de datos o fuentes de información.

B. **Componentes orientados al análisis de seguridad**, que unifican la administración, la visualización de eventos, el análisis de vulnerabilidades y la ejecución de acciones o las remediaciones requeridas.

De forma general podemos observar ambos componentes integrados en la siguiente imagen:

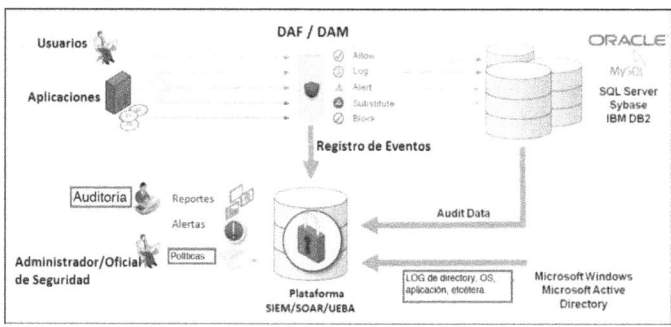

Características de la implementación unificada:

- **Protección no-invasiva** en tiempo real de los datos almacenados y transportados
- **Ubicuidad** de tipo y lugar de almacenamiento de información (*on-premise* / físico, virtual y *cloud*)
- **Integración** con elementos actuales de ciberseguridad y

seguridad de información (IDS, DLP, etcétera.)
- **Heterogéneo**, funcional independientemente del tipo de plataforma DB utilizada

Los componentes integrados para esta implementación (mostrada en la imagen superior) son los que veremos más detalladamente a continuación.

Componentes integrantes de nueva generación
Componentes orientados a base de datos

DAM
Database activity monitoring
DAM es un servicio que permite el monitoreo de operaciones en una base de datos. Las herramientas DAM monitorean y registran eventos de base de datos en tiempo casi real y proporcionan alertas sobre violaciones de políticas; además, nos permiten guardar registros de operaciones, cambios, etcétera.

DBF
Database firewall es usualmente un *software* que debe ser configurado mediante una serie de reglas que ayudan a filtrar las solicitudes a una base de datos. Esta solución permite monitorear la actividad sobre la base, generando así las bitácoras. Estas bitácoras en algún evento pueden ser indispensables para generar un tema forense o incluso para el cumplimiento regulatorio.

En el caso de un ataque una bitácora auxilia a determinar quién fue el autor, en qué horario se dio, su lugar de procedencia, entre otras informaciones propias de la operación de la base.

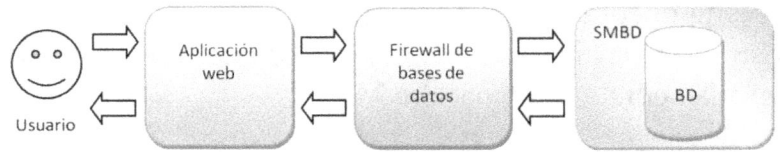

Componentes orientados al análisis de seguridad integral
Una plataforma de nueva generación de análisis, visualización y respuesta de los múltiples eventos o hallazgos de seguridad que pueden presentarse en nuestra infraestructura, referentes al proceso de seguridad de datos (como hemos visto anteriormente, distinto a la ciberseguridad) se compone de tres elementos principales:
- **Sistema de recopilación y administración** de eventos de seguridad
- **Sistema de análisis y detección** de vulnerabilidades
- **Sistema de automatización de procesos**, generación de informes y ejecución de tareas recurrentes

Al identificar cada uno de estos tres elementos, podemos enumerarlos de la siguiente manera:

UEBA
User and entity behavior analytics
Es un término definido específicamente por la consultora Gartner. Se refiere específicamente al análisis del compor-

tamiento de los usuarios y entidades (a diferencia de UBA, también definido por Gartner, que solo se enfoca a comportamiento de usuarios).

El propósito básico de esta tecnología de análisis es:

1. Identificar amenazas internas maliciosas.
2. Descubrir cuentas comprometidas.
3. Exponer abuso y mal uso de privilegios.
4. Rastrear el acceso y la extracción de datos no autorizados.

El análisis de comportamiento de usuarios y entidades (UEBA) es una tecnología que se basa en la conducta normal de los usuarios. De la misma manera detecta cualquier comportamiento anormal o identifica situaciones en las que hay variaciones de los distintos patrones de acceso, comportamiento, interacción, etcétera, de un usuario o aplicación. Los algoritmos utilizados en una solución UEBA permanentemente están "aprendiendo" del comportamiento de los usuarios y transacciones de datos.

Básicamente UEBA aprende a dónde se conectan de manera normal, a qué servidores, a qué aplicaciones o dispositivos, con qué roles, etcétera.

Las soluciones UEBA pueden ser implementadas como producto separado o bien como parte integral de algún SIEM, DLP o PAM (*privileged access management*). Módulos UEBA se encuentran presentes en soluciones SIEM como IBM QRadar, ArcSight, y Splunk; sin embargo, algunas otras soluciones tienen el análisis de comportamiento como su principal función, como Exabeam.

Threat intelligence

Por su traducción es conocida tambien como Inteligencia de amenazas y es el entendimiento derivado del análisis de evidencias de diversas fuentes de información, como documentos, asesores, indicadores, etcétera, que generan un compromiso de riesgo a los datos corporativos.

Su uso principal en organizaciones va desde su utilización para fines estratégicos, como el determinar qué recursos y qué prioridad serán asignados a los sistemas de alerta y amenazas. Últimamente se espera un crecimiento en la gestión de riesgos y seguirá apoyando la gestión de los presupuestos de seguridad.

El proceso *cyber threat intelligence* (CTI) usualmente comienza con la planeación de los requerimientos, la recolección de la información, el procesamiento de esta, su análisis y diseminación.

Mucha de la recolección de información proviene primeramente de fuentes externas como medios y noticias, grupos de la comunidad que comparten datos, información directa de los fabricantes de seguridad, datos de vulnerabilidad, fuentes de *dark web*, *honey pots*, SIEM y muchos más.

Algunas de las formas de diseminar (comunicar) los resultados del CTI son por *e-mails* o documentos como *powerpoints*, *briefings*, plataformas de fabricantes para CTI, plataformas de open source y otras.

Este tipo de tecnologías brinda soluciones que pueden trabajar con diferentes plataformas de seguridad, lo que permite una mejor gestión y simplifica el trabajo de análisis.

Protección de datos de nueva generación

En resumen, la Inteligencia de amenazas administra y analiza ataques o amenazas de múltiples fuentes o entidades y una vez analizadas permite entender de forma clara los riesgos de seguridad en su institución.

SOAR
Security orchestration, automation and response
Es una plataforma de operaciones y generación de informes de seguridad que utiliza datos extraídos de distintas fuentes para proporcionar capacidades de gestión, análisis y generación de informes en apoyo a los equipos analistas en un SOC. Las plataformas SOAR aplican la lógica de toma de decisiones dentro de un contexto adecuado para proporcionar flujos de trabajo formalizados y así gestionar la priorización de tareas en respuesta a incidentes. Las plataformas SOAR proporcionan la inteligencia que un equipo de SOC necesita aplicar en sus flujos de trabajo.

Integración de los tres sistemas

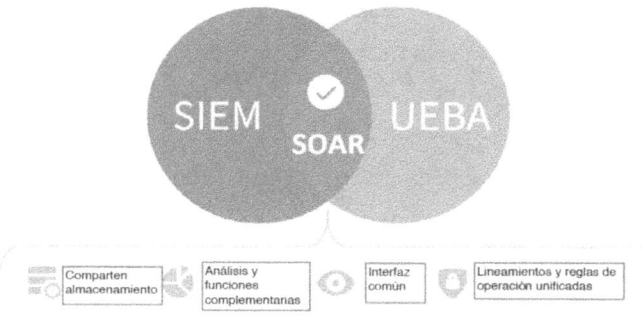

Funcionalidades integradas

SIEM	SOAR	UEBA
Se basa en reglas fijas.	Recolecta y consolida la información generada por SIEM y UEBA.	Hace un análisis basado en registros de comportamiento históricos.
Utiliza firmas predefinidas.	Aplica remedios inmediatos identificados por los SIEM.	Identifica inmediatamente riesgos, aun los no conocidos.
Centraliza información generada por elementos de seguridad (*Firewalls*, IDS, DLP, correlacionadores, etcétera).	Analiza y genera informes unificados para el área de seguridad.	Reduce falsos positivos.
Identifica y enlista eventos y hallazgos de seguridad.	Agrega información sobre amenazas identificadas en el SIEM.	Realiza un seguimiento permanente de todos los usuarios y entidades, su comportamiento y operaciones.
	Hace una ejecución automatizada de procesos.	

La integración de estos tres sistemas permite contar con todas las funcionalidades de una herramienta de última generación para la seguridad de datos sin importar su ubicación o forma de almacenamiento dentro de nuestra plataforma de red.

Contar con sistemas de protección de bases de datos (DAM/DAF) y una plataforma de análisis y respuesta ante riesgos (SIEM, SOAR y UEBA) es la propuesta ideal para cumplir con una adecuada seguridad de datos.

Mejores prácticas en seguridad de datos

El nivel de protección de la información que tiene una organización puede aumentar cuando, a pesar de contar con una plataforma de nueva generación de aseguramiento de datos, se tiene en dicho plan de seguridad un listado de mejores prácticas como las siguientes:

1. Definir una estrategia global de seguridad y actualizarla.
2. Monitorizar todas las aplicaciones con acceso a datos para detectar las menos seguras y trabajar sobre los puntos débiles, evitando que se conviertan en una puerta de acceso para los *hacker*.
3. Crear controles de acceso específicos para todos los usuarios, limitando su acceso a los sistemas que necesitan para sus tareas exclusivamente; de este modo se reduce la exposición de los datos sensibles.
4. Obtener un registro completo y detallado de lo que ocurre en los sistemas corporativos. Esta decisión, además de reforzar la seguridad, facilitará la resolución de problemas.

5. Asegurarse de que la seguridad del *software* y del *hardware* están actualizadas con las nuevas tecnologías *antimalware*.

6. Nombrar a un CISO para que se haga cargo de la seguridad y establecer políticas de seguridad de la información.

7. Formar a los usuarios en mejores prácticas de seguridad cibernética para que sepan crear contraseñas seguras, reconocer *e-mails* sospechosos de amenaza, evitar aplicaciones peligrosas y prevenir cualquier otro riesgo relevante para la seguridad de la información.

8. Definir claramente los requisitos y las expectativas de la organización en materia de seguridad, especialmente al practicar contrataciones o al iniciar relaciones con socios y proveedores.

9. Determinar una línea de base que incluya los estándares de seguridad aplicables a terceros.

10. Monitorizar la actividad usuaria para verificar que sus acciones cumplen con las recomendaciones de seguridad.

11. Crear un plan de respuesta a la violación de datos que permita cerrar cualquier vulnerabilidad y limitar el daño que la brecha puede hacer.

12. Garantizar el cumplimiento normativo en toda la organización y estar al tanto de los cambios que pudieran producirse en la legislación.

13. Realizar evaluaciones de las amenazas y estudiarlas mediante técnicas de análisis que permitan estar mejor protegido.

14. No usar diccionarios ni algoritmos de descifrado que se podrían hackear, en cambio, usar reglas de enmascaramiento fijas o aleatorias.

15. Sustituir los encriptados por enmascaramiento o hacer una encriptación centralizada y llevada a cabo por el propio producto.

Capítulo 5
Nuevos modelos de arquitectura y tecnologías emergentes

Nuevos modelos de arquitectura y tecnologías emergentes

"Todo cambia, nada permanece."

Heráclito

Un hecho contundente en tecnología es el cambio continuo, siempre se actualiza, mejora o simplemente transforma la forma de ejecución y uso de los sistemas tradicionales; esto no es la excepción en ciberseguridad, cada día aparecen nuevos productos, tecnologías, sistemas operativos o distribuciones y muchos otros habilitadores tecnológicos, lo que instantáneamente incrementa, como lo mencionamos anteriormente, la superficie de riesgo.

El participante que se ha posicionado como uno de los principales jugadores en este terreno es sin duda el cómputo en la nube, el motivo principal por el que esto sucede es por la versatilidad que tiene este paradigma para impulsar otras tecnologías (albergar información de forma masiva, fortalecer la infraestructura en *datacenter* locales de las empresas adoptantes resultando en infraestructuras híbridas, impulsar tecnologías emergentes como el internet de las cosas, entre otras). Si se observa de forma general el alcance y adopción actual del cómputo en la nube, podremos notar que es utilizada de forma intensiva en todos los sectores, desde una bocina o cámara inteligente en casa, hasta un SaaS en una compañía, sin mencionar directamente la adquisición o uso de servidores privados o públicos.

Este capítulo pondrá el cómputo en la nube dentro del contexto de la ciberseguridad, esto permitirá sentar las bases para hablar de tecnologías emergentes como el IoT. Llegado este punto podremos hablar de Tecnología Operacional (OT por sus siglas en inglés), entenderemos cómo esto se relaciona con sistemas ciberfísicos y analizaremos la superficie de riesgo existente en otras tecnologías emergentes dentro de la creación de software y automatización, mismas que respaldan y operan detrás de las tecnologías mencionadas previamente.

Cómputo en la nube

Si bien la gestión de una infraestructura local y una infraestructura en la nube no es igual, es importante destacar que cualquier contenido, servicio o aplicación existente en la nube es propensa a los mismos ataques que podría sufrir con infraestructura propia. Cuando usted utiliza la nube, paga por las características intrínsecas a ella, como el auto servicio, el almacenamiento distribuido, la elasticidad, el servicio bajo demanda, etcétera. Como podrá notar en la lista anterior, la ciberseguridad no es un servicio entregado por defecto al migrar a la nube, por este motivo usted debe preparar sus cartas para proteger su activo más importante: **su información**.

Riesgos de tener una presencia en la nube
En este punto quizá le haya despertado la inquietud de conocer los riesgos a los que se enfrenta en este paradigma tecnológico. Si bien la lista es larga, le mencionaré los 15 más comunes en los que interviene un actor interno o externo, dejando de lado a aquellos que tienen que ver con factores naturales o no controlados.

- Diseño inadecuado de la infraestructura.
- Problemas con escalación de privilegios y roles.
- Problemas de *compliance*.
- Riesgos de licenciamiento.
- Terminación inesperada del servicio.
- Mal manejo del gobierno o pérdida de *governance*.
- Brechas de seguridad y pérdidas de información.
- Conflictos entre los procedimientos de *hardening* del cliente y su ambiente en la nube.
- Personajes maliciosos dentro de su organización.
- Problemas de sincronización de los relojes y horarios.
- Pérdida o desconocimiento de los logs operacionales y de seguridad.
- Problemas o modificación no deseada de los sistemas de respaldo.
- Problemas de comunicación y redes.

- Modificación del tráfico en la red.

Y último pero destacable por su capacidad de impacto en las compañías:
- Ataques de denegación económica de la sustentabilidad (EDoS, por sus siglas en inglés)

Mejores prácticas de seguridad en su infraestructura

Ahora que conocemos algunos de los riesgos a los que estamos expuestos, también es importante mencionarle cuáles son, desde mi perspectiva, prácticas críticas para mejorar sus niveles de seguridad.

Usted debe asegurarse de auditar la información que se transmite en su infraestructura, implemente apropiadamente sistemas de detección de intrusos (IDS) y *firewalls* para prevenir el acceso no autorizado a su nube.

Pensando nuevamente en la información que se encuentra en tránsito, revise y asegúrese de que toda (y con mayor razón la confidencial) sea transmitida de forma segura mediante SSL y VPN correctamente configuradas.

Recuerde que para proteger a un nivel superior es necesario incrementar la **seguridad de la infraestructura** a través de una correcta administración, monitoreo y separación de máquinas virtuales para asegurar sus servicios.

Por último, a nivel administrativo y de usuario es importante utilizar buenas prácticas respecto a las *políticas* de seguridad y procedimientos, como controles de acceso, manejo de la seguridad de datos y contratos.

Existen algunos otros conceptos importantes como SD-WAN, SASE y CASB que describiré a continuación.

SD-WAN es una metodología que permite administrar por medio del *software* las redes WAN; entre sus características principales permite brindar mejor rendimiento a las aplicaciones, ayuda en la gestión y uso de las aplicaciones de los usuarios cuando se utiliza SaaS (*software* como servicio, por ejemplo, Salesforce) y automatiza procesos de administración en la nube.

Los modelos de WAN tradicionales conectaban a los usuarios con sus aplicaciones en sus centros de datos locales donde las tecnologías de comunicación utilizaban servicios MPLS que brindaban seguridad y permitían tener una comunicación confiable. Esto ya no es suficiente cuando aplicaciones como el SaaS residen en la nube.

La combinación de aplicaciones en los centros locales y en la nube complica la administración, puede poner en peligro los datos y requiere una observación importante sobre su rendimiento.

Los nuevos modelos de negocios exigen modelos más eficientes de red. El concepto SD-WAN es una forma de actuar; se presume la reducción de costos operativos y se prevé la optimización de recursos en implementaciones de varias localidades. Mucho del interés del SD-WAN es optimizar el rendimiento de las aplicaciones con la mejor gestión de recursos híbridos.

Nuevos modelos de arquitectura y tecnologías emergentes

SASE

En resumen, SASE (*secure access service edge*) es una arquitectura de red que combina características de VPN y SD-WAN con funciones de seguridad en la nube como *firewalls*, técnicas de *zero-trust*, *gateways* seguros, entre otros que son proporcionados como un servicio.

Piénselo como el complemento de seguridad de mejor gestión cuando usted tiene múltiples nubes en su corporación, e incluso si utiliza aún redes en centros de datos locales.

Como dato cultural, el término SASE fue creado por la consultora Gartner y fue descrito durante uno de sus informes de investigación en 2019.

Como se ha dicho ya, los temas digitales han transformado las redes y los patrones de servicio y uso de la seguridad en ellas. Hoy en día está dándose un cambio que se enfoca en la identificación del usuario y los dispositivos. Las nubes híbridas mal gestionadas o la falta de un contacto con las facilidades que brinda la nube serán inhibidores del *performance* y el crecimiento digital de los negocios.

Los negocios digitales claramente han exponenciado los requerimientos, la cantidad de usuarios y de dispositivos que demandan nuestras aplicaciones corporativas. Es importante entender y evaluar que la seguridad encripta y desencripta mensajes, claves, contenido, etcétera, que puede afectar directamente el *performance* de la aplicación.

Los líderes de seguridad y riesgo deben visualizar y entender el concepto de SASE como un habilitador de los negocios digitales que les permita tener un sistema ágil. Uno de los elementos clave en seguridad que SASE ofrece es que el equipo de infraestructura cambiará su gestión de múltiples cajas de seguridad a entregar políticas de seguridad basadas en servicios.

Algunas firmas reconocidas de investigación como Gartner en su "The Future of Network Security is in the Cloud", de agosto 2019, han mencionado que para 2024 se espera que al menos 40% de las compañías adopten una estrategia SASE, cuando en 2018 solo existía un 1%. Asimismo se espera que para 2025 competidores del mundo IAS (infraestructura como servicio) ofrezcan capacidades de SASE en sus servicios.

CASB
Hoy por hoy múltiples organizaciones están utilizando más y más los servicios de *software* en la nube conocidos como SaaS; estas tecnologías están permitiendo exponenciar los negocios digitales, pero tienen un problema claro que es la exposición de datos en la nube, lo que conlleva el componente de su seguridad.

Algunas organizaciones evalúan componentes que amenazan sus plataformas antes de que estas lleguen a sus *endpoints* o *firewall*; sin embargo, si no tiene usted claro el marco de referencia que puede aplicar, permítame recomendarle profundizar en CASB (*cloud access security broker*), el cual funciona como un sistema de gestión de seguridad para controlar los accesos a la nube.

Gartner estima que en 2020 un 60% de las empresas utilizó este modelo para asegurar sus aplicaciones en la nube y esto seguirá creciendo en los próximos años. Ellos lo definen como puntos de aplicación de políticas de seguridad *cloud* que se encuentran entre los usuarios y los proveedores de servicio en la nube.

CASB se observa como una iniciativa clave en la estrategia de seguridad de las empresas, de ahí la importancia de su estudio (que en este libro no se pretende profundizar, pero sí es importante aconsejarle que es un tópico que debe entender y quizás implementar en el corto plazo).

El CASB se puede encontrar en herramientas que permiten abarcar diferentes verticales de ataque en las infraestructuras ayudando a gestionar, detectar, prevenir y hasta analizar amenazas en tiempo real.

Tendencias y nuevos vectores de ataques

Modelos de seguridad

Históricamente en el área de la seguridad informática cada sistema creado ha sido propenso a vulnerabilidades o errores que eventualmente deben ser corregidos; es sumamente complejo –por no decir imposible– diseñar sistemas, arquitecturas y tecnología que no sean en algún punto propensos a fallas o ataques. Esto tiene que ver con dos puntos: el primero de ellos es el **diseño** y el segundo es la **implementación**; ambos han intentado desarrollar métodos que permitan probar que determinado diseño de seguridad puede satisfacer un grupo de requerimientos y que la implementación a su vez satisface de forma apropiada la especificación inicial del diseño.

Secure by desing
Es un modelo que permite que la ciberseguridad habilite a la corporación para que genere la automatización de los controles de seguridad de datos y formalice el diseño de las infraestructuras logrando así crear seguridad en los procesos de gestión de TI.
Prioriza la prevención de brechas de seguridad antes que la reparación de los problemas identificados y se enfoca principalmente en la recuperación de la organización en caso de haber sido vulnerada.
Un punto fundamental es que la compañía piense en los temas de seguridad siempre como algo que debe estar presente al inicio de cualquier proyecto e implica que todo alrededor de la ingeniería de software tiene que minimizar los riesgos de seguridad de la compañía.
Sugiere entonces el apego a la gestión del riesgo y la observancia de las perspectivas en los ciclos de desarrollo de las aplicaciones, y prevé el constante monitoreo, gestión y mantenimiento del gobierno de ciberseguridad para minimizar los riesgos.
Como pudo observar los vectores de ataque se han incrementado, de manera que es necesario entender los elementos

técnicos que le permitirán lograr sus objetivos de ciberseguridad y protección de activos. Puede apreciar que no hay un único camino, todo dependerá de las prioridades establecidas por usted y su organización para elegir la tecnología, implementación de políticas, gobierno y modelos de ciberseguridad apropiados.

Capítulo 6
Gestión de identidad digital

Gestión de identidad digital

En este capítulo hablaremos de un tema que día con día toma más relevancia. **La identidad digital** puede ser definida como el conjunto de datos y atributos digitales que permiten identificar a una persona de forma única o irrefutable, en otras palabras, lleva nuestra identidad física al mundo digital. De acuerdo con sitios como Wikipedia, la identidad 2.0 es conocida como la identidad digital y corresponde a la verificación de la identidad en línea utilizando tecnologías que se encaminan a los usuarios.

En el mundo de la tecnología existe un concepto conocido con el nombre de IAM, por las siglas en inglés de *identity and access management*. En este capítulo vamos a presentar los avances e innovaciones que ayudan de forma importante a reducir el riesgo y a gestionarlo y que de esta manera brindan valor a las organizaciones. ¿Y qué significa esto? Pues significa una reducción importante de los tiempos de implementación y de operación que ofrece siempre una mejor experiencia a los usuarios de las aplicaciones.

El mundo digital está generando cambios disruptivos en todas las verticales de los negocios. Y, como ya lo dijimos en otros momentos, en 2020 derivado de la pandemia esto se aceleró en al menos dos años. Simplemente en los temas financieros y los relacionados con las autoridades los cambios para contrataciones no presenciales están obligando a mejorar, optimizar y precisar dichos procesos.

Alineado a investigaciones como las de Gartner en su documento *CEO and Senior Business Executive Survey*, al menos el 82% de los CEO desarrolló en 2019 proyectos digitales arriba del 62% que se vió durante 2018; y en el *IDC FutureScape. Predicciones 2021* se dijo que en este año se espera un crecimiento de al menos 7.7% en el ramo de las TI.

Debemos reconocer también que la pandemia nos llevó al trabajo remoto, a gestionar el negocio en formas móviles, a la implementación de tecnologías conocidas como *workplace* que fueran gestionadas mejor en el trabajo desde casa, y los negocios típicos de tiendas físicas tuvieron que evolucionar abruptamente con una transición a plataformas digitales.

Un IAM busca la gestión correcta de los accesos con el análisis de por qué deben ser otorgados; esto facilita la identificación en tiempos, actividad, interacción y su sentimiento de usabilidad en las diferentes aplicaciones.

Se convierte entonces en un modelo tecnológico que busca

gestionar y reducir el riesgo a través de mejores prácticas y procesos, al poder identificar los artefactos o cosas, los servicios, así como los permisos y las personas para su uso y acceso.

El modelo actual que se utiliza es el conocido como el MFA (autenticación multifactor), que permite a partir de más de un evento reconocer que la persona es quien dice ser, pues proporciona un filtro de varias capas que exige que los usuarios prueben su identidad utilizando varios métodos de verificación antes de su autenticación. Por ejemplo, usted tiene un usuario y contraseña para entrar a una aplicación, pensemos en su correo de Hotmail, utilizando MFA o su variante de doble factor de autenticación, recibirá un SMS en su teléfono móvil con un código que debe proporcionar para que el portal valide que usted desea acceder. En este ejemplo hubo dos instancias que comprobaron que usted es quien dice ser y no alguien que suplantó su identidad.

Otro modelo es el conocido como PAM o gestión de accesos privilegiados, el cual consiste en asignar entradas particulares que brindan mayores capacidades a los usuarios estándar. La creación de roles con especificaciones de acceso permite gestionar de mejor forma la confidencialidad de datos sensibles y las infraestructuras críticas de las organizaciones.

Algunos ejemplos de mayores niveles de acceso son las cuentas de superusuario, alguna con mayor nivel en la administración de dominios, cuentas de administración local, etcétera.

La gestión de accesos privilegiados busca entonces la protección contra el robo de credenciales y el uso no permitido de los privilegios asociados. Debe de considerarse como un modelo estratégico que visualiza a los usuarios, los procesos y la tecnología con el objetivo de controlar, supervisar, proteger y auditar todos los accesos en los medios de redes digitales de la organización.

Como en otros casos, el PAM busca el principio de brindar menos privilegios para incrementar la seguridad. La autorización de mayores capacidades usualmente se da a través de un proceso en el que los comités de seguridad, CISO o el responsable de los accesos autoriza un incremento en el nivel de roles de la persona. El gran reto es minimizar el área de riesgo y por tanto de ataque de cualquier usuario sobre el activo más valioso de la empresa: la información.

Veamos ahora qué es un HSM, otra herramienta importante que resguarda elementos de forma segura. HSM (*hardware security module*) es un dispositivo de *hardware* que utiliza la criptografía con funciones como generar, almacenar o proteger claves criptográficas.

La seguridad y el desempeño son algunos de los beneficios obtenidos por un dispositivo de *hardware* que provee un componente crítico en la gestión y almacenamiento de llaves privadas combinado con una infraestructura segura. HSM además provee la infraestructura necesaria para los cumplimientos regulatorios y estándares en ramas como finanzas, gobierno y salud.

La importancia de modelos así radica en que múltiples analistas, entre ellos la consultora Gartner, han mencionado que más del 70% de los ataques se da a través del eslabón débil que es el mismo ser humano. Esto significa que, en ocasiones por ingenuidad, por desconocimiento o incluso por un acto planeado el ser humano (llámese colaborador dentro de la empresa) puede ser el elemento clave para generar una explotación de vulnerabilidad y causar serios problemas a la organización.

Uno de los grandes beneficios de este tipo de técnicas y/o equipos es que se pueden observar, monitorear, auditar y reportar eventos de riesgo que también pueden ser documentados y de esta forma cumplir con los requerimientos regulatorios.

Algunos consejos para la gestión de accesos con privilegios y/o llaves o certificados son:

- Aísle los accesos a los controladores de dominio utilizando doble factor de autenticación.
- Utilice bóvedas digitales: existen algunos productos como los ya mencionados HSM para aislar en un *hardware* o en la nube las llaves o certificados de seguridad.
- Evite el robo de credenciales eliminando al 100% cualquier usuario mortal común y corriente que pudiera tener gestión de administrador.
- La rotación periódica de contraseñas es clave para minimizar los riesgos tecnológicos.

Otra técnica usada hoy en día es la conocida como FIDO (*fast identity online*), con la que un grupo de empresas líderes en tecnología, así como instituciones gubernamentales, instituciones financieras, proveedores de servicio, entre otros, buscan encontrar formas de autenticación eliminando el uso de contraseñas. Algunas de las organizaciones involucradas y con lugar en la junta directiva son Microsoft, Amazon, Facebook, MasterCard, AmericanExpress, Visa, Paypal, Google, Apple, entre otras.

La idea de FIDO es reforzar la seguridad de los sistemas de autenticación en línea, es decir, en dispositivos móviles o en las tecnologías web. El propósito fundamental es eliminar las contraseñas y utilizar sistemas biométricos encriptados.

El objetivo de estas grandes empresas tecnológicas es hacer la utilización en línea más segura y cumplir con temas de usabilidad y experiencia del usuario (UX). Hoy en día han sido ya definidos algunos estándares que facilitan la interacción en las aplicaciones con una mejor seguridad, experiencia de uso y velocidad.

(Según Wikipedia UX es el conjunto de elementos relacionados con la interacción del usuario con un dispositivo o entorno y con la que el usuario tiene una percepción positiva o negativa de un servicio, producto o dispositivo).

¿Y cómo opera esto?

El usuario busca generar un registro en una aplicación; si esta está usando el estándar FIDO, entonces se crea un par de claves con criptografía, de forma que la clave privada quedará en el dispositivo que desea acceder al servicio y la pública en el sistema del servicio en línea. Para validar su autenticación el dispositivo que busca el acceso debe comprobar al equipo del servicio en línea que es poseedor de la clave privada y se genera el cálculo del algoritmo matemático que lo verifica. Y con un doble factor esta clave solo será utilizada si el usuario valida de forma local con su pin, usando la voz o la misma huella dactilar.

Hablemos ahora de la firma electrónica que permite identificar las transacciones de un individuo
En México el uso de firma electrónica toma cada día mayor relevancia. Esta firma es generada con una llave privada que proviene de un *certificado digital* que es emitido por algún prestador de servicios de certificación.
Es común que se cifre un *hash* (algoritmo matemático que transforma cualquier bloque arbitrario de datos en una nueva serie de caracteres con una longitud fija). El concepto *certificado digital* refiere a un archivo de tipo electrónico que emite una autoridad certificadora y funcionará como una identificación personal dentro de las transacciones digitales. Usualmente los certificados son conocidos como *.cer*, las llaves privadas son usualmente *.key* y la combinación de ambas supone el uso de una firma avanzada.

Explicación y valoración de cómo se utilizan los certificados y la firma digital. ¿Por qué se utilizan estos medios? ¿Qué tan difícil es falsificarlos?
Los certificados digitales son mayormente usados para las personas físicas y para los certificados de ciudadanos en el mundo, sin embargo, existen muchos otros tipos; por ejem-

plo, certificados ciudadanos, de representación, de empleado, de cualificación de sellos electrónicos, de autenticación de sitio web, de sellado de tiempo, de componentes, de firma en la nube, de notificación electrónica, de custodia documental, etcétera.

Los certificados digitales permiten la identificación electrónica sin riesgo de equivocación y habilitan las leyes en la parte jurídica. La utilización de los certificados digitales suma seguridad a la identificación de los firmantes, lo cual regularmente es necesario en las legislaciones o marcos regulatorios.

En múltiples ocasiones los documentos pueden tener un primer nivel de respaldo a través de la aplicación de la firma digital y solo en los casos requeridos se aplica como un agregado el certificado digital. Un ejemplo claro de herramientas tecnológicas que firman con certificados digitales es Docusign, muy utilizado en presentación y pago de impuestos, recursos, reclamaciones y procesos normativos en la rama financiera.

¿Por qué es difícil falsificarlos?

Las firmas digitales son usualmente seguras y es muy difícil falsificarlas. Tienen una base en la conocida criptografía asimétrica (también conocida como criptografía de dos claves: una pública que se puede facilitar en general y una privada).

La firma digital básicamente es un mecanismo criptográfico que permite al receptor de un mensaje firmado digitalmente identificar la entidad originadora de dicho mensaje (autenticación de origen y no repudio), y confirmar que el mensaje no ha sido alterado desde que fue firmado por el originador (integridad).

Es por esto por lo que en una firma digital tenemos 3 características fundamentales que son:
- La autenticación
- El no repudio
- La integridad

Es difícil de falsificar ya que la clave privada es conocida solo por el firmante y la clave pública se distribuye en los destinatarios. Su procedimiento es el siguiente:

1.- Un algoritmo genera una primer clave privada con su clave pública correspondiente.

2.-Otro algoritmo crea una firma digital al recibir la clave privada y al mismo tiempo el documento o mensaje que se va a firmar y que se cifrará con la clave privada.

3.- El último algoritmo valida la autenticación del documento o mensaje. En caso de que la clave pública descifre la firma digital y sea diferente al original se sabrá que se modificó la firma o que la clave no es la correcta porque no coincide con la privada y esto generará un error de identificación; es decir, la clave privada es la base.

Biometría

La identificación basada en biometría es un proceso de autenticación de un individuo por sus características físicas. Hoy en día existen diversas tecnologías que identifican a una persona porque se basan en sus características biofísicas. Pretenden como principal objetivo tener un reconocimiento inequívoco de una persona. Existen modalidades de la biometría entre las que podemos mencionar la estática y la dinámica. La estática busca identificar las características físicas y únicas de cada individuo mientras que la dinámica está basada en la identificación del comportamiento. En la biometría estática podemos mencionar la identificación de huellas dactilares, escáner de iris, retina, algoritmos de tipo facial, palma de la mano y cada vez es más real el tema de la voz; estos son los más conocidos y seguramente usted los ha utilizado en algún momento.

Sin embargo, los modelos biométricos dinámicos se introducen con mayor fuerza. Veamos por ejemplo la autenticación basada en el contexto que es una nueva tendencia que proporciona una nueva idea de soluciones para el usuario, y que se produce al identificar a las personas según la forma personal de interacción que tienen con sus dispositivos tecnológicos como teclados, ratón, teléfonos móviles y tabletas.

Estas tecnologías pretenden evaluar los comportamientos del usuario (por ejemplo, la forma de mantener el teléfono móvil, los deslizamientos dactilares en las pantallas, abreviaciones, geolocalización, el histórico de *malware*, etcétera) utilizando un *software* con inteligencia artificial. Dichos algoritmos crean perfiles especializados y únicos para cada usuario y con ellos se pretende validar la identidad de cada uno.

Algunos de los factores deseados son:

- Una autenticación que mejore la experiencia del usuario, es decir, que sea muy fácil, entendible, continua y sin retrasos, o sea, muy ágil.

- Se pretende que sea tan inteligente que sea complejo que una nueva amenaza como *zero day* pueda quebrantar su seguridad.
- Que el análisis continuo de los biométricos de comportamiento del usuario pueda identificar si en algún momento el usuario original es modificado por un tercero que pueda ser un ciberdelincuente al tomar uso del equipo en cuestión.
- Analizar múltiples biométricos podría ayudar a detectar el comportamiento de los ciberdelincuentes convirtiéndose entonces en una herramienta para cazar malhechores (*fraudster hunter*).

Para 2022, Gartner predice que un 60% de empresas globales y grandes y un 90% de empresas medianas implementarán métodos sin contraseña en más del 50% de los casos prácticos.

En el mundo hoy en día se considera que las *password* son cada vez más predecibles y esto permite que los usuarios estén más vulnerables, pues incluso las *password* más fuertes pueden ser fácilmente descifradas.

Una de las características menos favorables de una *password* gira en torno a su alto costo de mantenimiento y soporte: los cambios constantes son la mejor práctica, pero se necesita crear unas cada vez más fuertes y con mayor complejidad.

Password less

81% de los *hackers* utiliza *password* robados o muy débiles, según Verizon en su documento *Data Breach Investigation Report 2017* y, de acuerdo con investigaciones de Microsoft, el MFA puede reducir hasta en un 99% los eventos donde la empresa se ve comprometida. La seguridad en las organizaciones está considerando la utilización de tecnologías como los biométricos, de los cuales hemos hablado, PIN y llaves privadas con criptografía, de los que también hemos comentado, pero ahora se suman la *web authentication* API (WebAuthN) y *fast identity online* (FIDO) de las que también hemos hablado.

¿Y qué significa ésto? Bueno pues es la utilización de una autenticación multifactor que sea una nueva opción de seguridad. Al utilizarla se requerirán dos o más factores de verificación para firmarse y agregar un componente criptográfico. La parte que funcione como llave privada (encriptada) solo podrá desbloquearse al utilizar un biométrico o un PIN.

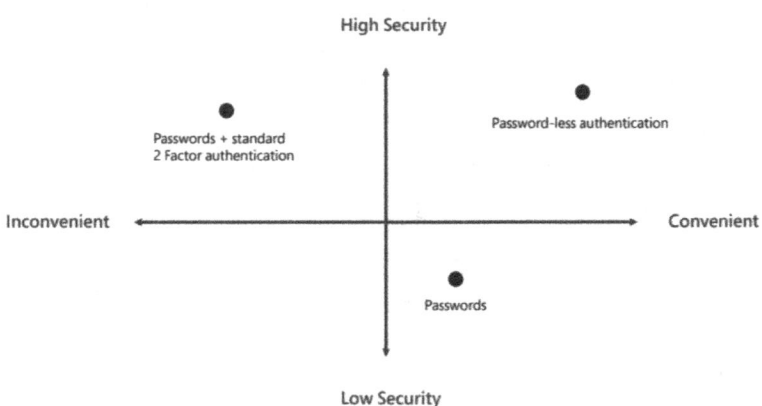

Fuente: Microsoft (2018). Password-less protection Febrero 2021, Microsoft. Disponible en https://query.prod.cms.rt.microsoft.com/cms/api/am/binary/RE2KEup

En resumen, los temas de autenticación y de identificación de la persona facilitan los nuevos procesos digitales dentro de la organización y son los clientes quienes demandan procesos más seguros, pero también más sencillos; además, buscan tener en sus aplicaciones el menor número de obstáculos, preguntas, trabas y autenticaciones para poder lograr sus transacciones. Una gran reflexión dentro de este capítulo es que las empresas en definitiva ya están realizando una búsqueda para migrar a las firmas electrónicas y a los accesos de seguridad que hasta hoy usan *password*.

Capítulo 7
Gestión de seguridad de la información

La seguridad de la información y su correcta gestión se basan fundamentalmente en la confidencialidad, integridad y disponibilidad. Esta gestión debe ser llevada como un proceso que, correctamente aplicado, será clave para minimizar los riesgos.

Pero ¿qué es la información? En definitiva, es un activo y hoy por hoy se considera el más valioso de las organizaciones; y como es lo más valioso se considera una parte estratégica que corresponde a las áreas de gobierno gestionar su uso y seguridad.

Veamos entonces los elementos claves en la seguridad de la información. Para esto nos referiremos primeramente a la ISO 27000:2014 la cual es un conjunto de buenas prácticas y nos indica que "la confidencialidad es una propiedad de la información para que esta no sea divulgada o esté al alcance de entidades no autorizadas como individuos, entidades o procesos".

La integridad es otra propiedad que se refiere a que la información esté completa y sea precisa.

Por último está la disponibilidad, propiedad que indica que la información debe ser accesible y utilizable sobre demanda por una entidad autorizada.

Hemos mencionado en algunos capítulos del libro el Sistema de Gestión de Seguridad de la Información (SGSI), el cual busca tener un enfoque sistémico que mejore la seguridad de la información y de esta forma coadyuva a que la organización alcance sus objetivos.

Entre las características que prevé la ISO 27000:2014 se encuentran el operar, monitorear, revisar e implementar los controles que garanticen la seguridad de la información.

Como podrá observar nos estamos refiriendo de forma consistente a la ISO 27000:2014 porque es un estándar internacional publicado por la Organización Internacional para la Estandarización (ISO) y la comisión Electrónica Internacional (IEC); estos organismos han emitido una serie de normas que son estándares de seguridad hoy por hoy.

La seguridad de la información se considera un proceso que se refiere primeramente al modelo tradicional de PDCA (planear, hacer, checar y ajustar) y está complementado hoy en día con temas de gestión, liderazgo, planeación soporte, operación, evaluación de desempeño y mejora.

ISO27000 es una familia de normas, la ISO 27001:2013 Tecnología de la información, Técnicas de seguridad y Sistema de gestión de la seguridad de la información será quien nos

ayude a gestionar los requisitos regulatorios. Actualmente es realmente compleja y crea algunos problemas dentro de la gobernabilidad de los datos, ya que requiere de organización, políticas, catálogos de datos, definiciones de analítica, fuentes de datos, calidad de estos, operaciones y su seguridad.
Hemos hablado mayormente de la ISO 27000, pero voy a mencionarle algunos otros marcos que puede usted utilizar y profundizar en ellos.
Por ejemplo:
OISM3 (*Open Information Security Maturity Model*) es un *framework* para gestionar la seguridad de la información; fue creado con el objetivo de mejorar o atender nichos de oportunidad de ISO 9000, COBIT, ITIL, ISO /IEC 27001:2013; apoya principalmente en la prevención de riesgos físicos, virtuales, externos e internos; provee herramientas para crear un SGSI alineado con una misión y cumplimiento; típicamente se utiliza para reducir las áreas de oportunidad entre la teoría y la práctica; y lleva como fuerte objetivo la continuidad del negocio.

ITIL

Es una librería de Infraestructura de Tecnologías de Información, que es un conjunto de conceptos y buenas prácticas, y busca gestionar los servicios de TI así como sus operaciones. Si bien no está necesariamente apegado al ámbito de los datos, los procesos gestionados por esta librería en definitiva coadyuvan a garantizar una mejor operación y dar un correcto seguimiento a los eventos; usualmente es utilizada para una mejor gestión de los incidentes, entre otras cosas. Esta librería comúnmente también se integra y fortalece a las ISO 27001 y mapea los niveles de gestión de servicio.

Ventajas de la correcta gestión de la información:
- Proporcionar buenas prácticas para la gestión de la seguridad de la información.
- Coadyuva en la seguridad de los datos personales.
- Incorpora la gestión de la privacidad como riesgo activo en la empresa.
- Sugiere una matriz de roles y responsabilidades.
- Gestiona los derechos de uso de los datos de sus propietarios.
- Disminuye el impacto de los riesgos.
- Mejora la gestión de riesgos de seguridad de la información.
- Emplea un enfoque sistemático para la gestión de la información.
- Genera confianza a clientes y proveedores.
- Mejora continua.
- Coadyuva en la seguridad de su empresa.
- Implanta de forma gradual el control de la seguridad de la información.

La gobernabilidad en la organización es muy importante y puedo brindarle algunos consejos dentro de su organigrama. El consejo de directores usualmente es quien se encuentra arriba del CEO y las mejores prácticas nos sugieren que el CISO le reporte a éste directamente y, con una línea punteada, que

a su vez le reporte al comité o consejo de seguridad cibernética que está al mismo nivel que el consejo de directores. Cabe mencionar que en algunas organizaciones este comité también es llamado comité de gestión de riesgos.
Los responsables de la unidad de ciberseguridad deben tener tareas como las siguientes:
- El desarrollo y la implementación del SGSI.
- La implementación de los marcos apropiados para la gestión del SGSI.
- Definir los roles y responsabilidades de cada miembro del consejo involucrado, así como de las áreas especializadas.
- La supervisión de las tareas asignadas a los responsables de la gestión de controles.
- La evaluación del estado de seguridad en tecnología o en procesos.
- La gestión absoluta del tema de riesgos comenzando por el análisis holístico en la organización.

Este comité de seguridad y el CISO deben lograr un balance entre lo que se necesita en un programa de seguridad y los riesgos que se pueden asumir para que la empresa avance. Sin este equilibrio, las organizaciones pierden oportunidades y el CISO se convierte en una distracción que vuelve lentos los procesos, impide una ágil salida a producción y frena la competitividad.

Es importante saber que la generación de planes de seguridad debe tomarse con resiliencia entre tecnología y áreas funcionales. Hoy en día, con el incremento de la digitalización, los programas de seguridad deben ser muy ágiles y facilitar a la organización el alcance de sus objetivos de negocio. No olvide que en otro capitulo decíamos que "el dueño del proceso es del dueño del riesgo", por lo que los planes de gestión de seguridad deben dirigirse también a los líderes de las áreas funcionales del negocio.

La gestión implica una constante comunicación entre los altos directivos y la operación. El CIO y el CISO usualmente presentarán resultados de la gestión y de los avances de los proyectos en implementación, así como del incremento en los niveles de madurez de la organización para la gestión de la seguridad.

Prepárese y piense de forma estratégica y directiva: frecuentemente se encontrará con el reto de convencer o explicar si su empresa está totalmente segura, el ambiente y la situación actual nacional y global de los ataques y cómo su empresa puede defenderse de estos pensando primero si realmente su organización está en el foco de los mismos.

Como ya lo hemos dicho debe usted hacer un análisis de riesgo y externarlo al comité para que se entienda dónde está la mayor oportunidad de mejora en la organización. Temas como los presupuestos de inversión y conocer el Retorno de Inversión en Seguridad (ROSI), que dirá si una inversión en seguridad se convierte en rentable porque mitiga un riesgo en mayor medida que el costo del proyecto, siempre serán tema del comité ya que la empresa busca incrementar su rentabilidad, pero disminuir los costos.

Algunas otras recomendaciones

- Analice cómo está el día de hoy su empresa en la estrategia de seguridad y adáptela a las nuevas tendencias. Este libro le ha mostrado múltiples situaciones que actualmente vivimos.
- Una vez más considero importante que se acerque a proveedores expertos en el ramo que puedan brindarle una guía clara de cómo minimizar los riesgos.
- Evalúe constantemente a su equipo y a los proveedores; para verticales como la financiera esta evaluación es incluso parte normativa.
- Si usted así lo considera también puede contratar servicios con terceros que le ayuden a gestionar con mayor agilidad. El tema de la gente y su especialización con la demanda actual de talento no es fácil de resolver.
- El compromiso del equipo ejecutivo es clave para que todo esto dé resultados satisfactorios.
- Trabaje en el entorno holístico. El cambio cultural y el constante acercamiento a sus colaboradores puede resultar en un gran apoyo para minimizar los riesgos ya sea tecnológicos o por procesos de operación.

Capítulo 8

Gestión de riesgo tecnológico

Hablemos ahora de la gestión del riesgo y la seguridad de la información.

Para proteger de forma apropiada la información corporativa, siempre debemos tener en mente cuatro preguntas clave: ¿qué?, ¿cómo?, ¿cuándo? y ¿dónde?

La primera pregunta *¿qué?* la vamos a revisar a través de la definición de las dimensiones que componen la seguridad de la información, es decir, la confidencialidad, la integridad y la disponibilidad, así como de las propiedades de la información que deben ser la autenticidad, la trazabilidad y el no repudio; además, los principales puntos que garantizan el acceso a la información y a su conversación son los temas de dimensionamiento que refieren a la disponibilidad de esta.

Por otro lado, buscamos la manera de minimizar el riesgo, por lo tanto, debemos preguntarnos *¿cómo?* Mi consejo para esta pregunta será la utilización de una serie de controles que permitan minimizar la probabilidad de que una amenaza se convierta en un acto facto. De esta manera lograremos disminuir los impactos dentro de la corporación en el caso de que una amenaza logre vulnerarnos.

La pregunta ¿*cuándo*? remite a todo el ciclo de vida de la información: si estamos desarrollando un *software*, cómo hacer que las aplicaciones pasen por un proceso seguro de creación; si es un tema de respaldos y almacenamiento, cómo esto deberá salir y entrar de contenedores que sean seguros; si estamos hablando de claves de acceso, cómo serán asignadas, a qué personas y, cuando estas personas no estén, cómo vamos a borrarlas o eliminarlas. Como puede ver todo tiene que ver con un ciclo de la información.

El ¿*dónde*? se relaciona con la gente o partes que estarán involucradas en la gestión de la información: cómo se almacena la información, cómo se procesa y cómo se transmite. Es aquí donde la organización debe preguntarse quién es el responsable de los procesos de gestión de la información y cuál deberá ser la infraestructura responsable de su cuidado.

Gestión de riesgos
Toda estrategia de seguridad debe partir de la adecuada gestión de riesgos, la cual será la especialidad que garantice que la gestión de activos informáticos se lleve a cabo de forma apropiada.

¿Y qué significa esto en concreto? Bueno, pues el análisis de riesgos permite que las organizaciones conozcan su exposición a las amenazas, será la clave para evitar que entes ajenos puedan alcanzar los objetivos estratégicos del negocio derivado de algún incidente de seguridad. Por esto es importante determinar el probable tamaño del impacto e identificar los controles o soluciones a implementar en función de los riesgos encontrados.

Un análisis de riesgo pretende determinar de forma cuantitativa, cualitativa y objetiva la identificación de los riesgos, de modo que se pueda identificar dónde existiría un mayor impacto y se tomen las decisiones con base en los riesgos organizacionales detectados.

La gestión de riesgo debe ser identificada por el comité de seguridad o altos ejecutivos como algo que contenga las siguientes características: crear valor para el negocio, ser un proceso constante de toma de decisiones; el riesgo está en todas partes por lo que deberá ser identificado en todos los procesos del negocio, estar actualizado constantemente, considerar el factor humano como imperativo, debe tener una capacidad adaptativa dependiendo de las tendencias del mercado y proyectos corporativos, debe ser considerado como parte del proceso de mejora continua de la organización y parte integral de toda la corporación.

En el mundo existen múltiples organizaciones que han creado marcos de referencia para minimizar el riesgo y gestionarlo; solo por mencionar algunos que puede consultar y alinear usted a su proceso de gestión de riesgos tenemos a COBIT de ISACA, ISO 31000 de ISO, OGC, Magerit, Octave de CERT, SRMG de Microsoft, SP800 de NIST, UNE de Aenor, CSA standards, BS de BSI, Pmbook 4ta edición de PMI, Coso de COSO, entre otras.

Hablemos un poco de las más difundidas.
COBIT (*control objectives for information and related technologies*) es la mejor práctica basada en un marco de referencia; está soportada por la organización ISACA y pretende tener 4 fases clave que son la PO (planificación y organización), AI (adquisición e implementación), DS (Entrega y soporte) y finalmente ME (mantener y evaluar).

CMMI (*capability maturity model integration*) persigue la madurez organizacional en evaluación de procesos y desarrollo de *software*; es uno de los elementos clave que permitirá minimizar los riesgos si su organización tiene un equipo de desarrollo de *software*.

Spice es otro de los marcos de referencia para reducir de forma importante las áreas de riesgo durante el tiempo de desarrollo de *software*; determina la capacidad de mejora del proceso del *software*, los modelos de evaluación de los procesos del ciclo de vida de los sistemas que se observan a través de la ISO 15504 y, además, busca crear niveles de madurez donde el ad hoc o sin experiencia es el nivel 0 y los procesos optimizados y adoptados por la organización son el nivel 5.

Octave (*operationally critical threat, asset and vulnerability evaluation*) es unos de los marcos más relevantes; fue creado por la Universidad de Carnegie Mellon y se han desarrollado tres modalidades: Octave para grandes corporaciones, Octave-s para pequeñas organizaciones y Octave Allegro que permite realizar un análisis de riesgo basado en activos de información.

Magerit también es un marco de referencia clave gestionado por el gobierno español; es una metodología de tipo público, es decir, solicita a los órganos de gobierno que las decisiones de tecnologías de información estén basadas en el análisis de los riesgos que usaron este marco. Para Magerit la seguridad es la capacidad que tiene la corporación de atacar las acciones que pretenden vulnerar su información y sus procesos.

ISO 27005 entrega guías de gestión de riesgo de seguridad de la información; soporta y emana elementos específicos de las ISO 27001 para minimizar los riesgos; es un marco holístico y muy aplicable a toda organización; además, típicamente es el pilar de un SGSI (Sistema de Gestión de Seguridad de la Información).

Por otro lado, tenemos también que la gestión de riesgo puede ser desarrollada con el apoyo de diferentes herramientas, algunas de ellas son:

Acuity Stream es una herramienta que permite gestionar roles con repositorios centralizados para gestionar el cumplimiento normativo.

Callio es un *software* que ayuda a gestionar, implementar y lograr certificaciones en los sistemas de gestión de seguridad de información.

Casis ayuda al análisis de auditoría de seguridad y permite la recopilación de datos que pueden ayudar a la identificación de las alertas.

CounterMeasures fue desarrollado para generar los temas de gestión de riesgo alineado al Modelo NIST-800.

Existen muchas herramientas más que pueden apoyarle en la gestión de riesgos, sin embargo, por ahora no es necesario hacer una presentación exhaustiva del mercado; mi interés es darle a conocer que hay un amplio surtido de posibilidades para realizar la gestión.

Entonces definamos al riego de seguridad de la información como el potencial de que cierta amenaza pueda explotar las vulnerabilidades de un activo o grupo de activos y causar daño a la organización (ISO 27005:2008).

Las vulnerabilidades serán las debilidades de un activo o control que puede ser explotado por una o más amenazas (ISO 27000:2014).

Una amenaza es la causa potencial de un incidente no deseado, que puede resultar en daño a un sistema u organización (ISO 27000:2014).

Una buena identificación de riesgos debe empezar por la identificación de los activos, las amenazas, los controles existentes, las vulnerabilidades y las consecuencias.

Le sugiero que el tratamiento de riesgos de seguridad de

la información tenga como entrada una matriz o listado de los riesgos encontrados y que estos estén priorizados con los criterios de evaluación determinados, además, sugiero siempre evaluar los escenarios de incidentes que puedan generar los riesgos.

Debe usted crear controles que puedan reducir, impedir y evitar riesgos; y esto debe verse plasmado en un plan de trabajo que sea ejecutable y alcanzable en un periodo corto.

Para finalizar deberá crear entonces un plan de trabajo para el tratamiento de riesgos, el cual deberá ser comunicado al comité de seguridad o al CEO y aceptado por ellos, esto facilitará la implementación dentro de toda la organización.

En este capítulo conocimos diversas formas y/o metodologías para la gestión del riesgo.

Uno de los marcos de referencia más fuertes es el 27005, que es una herramienta que gestiona los riesgos de seguridad de la información y considera:

- Ejemplos de amenazas típicas.
- Vulnerabilidades y manejo de análisis.

Es parte integral del SGSI y por tanto es utilizable para fines de regulación y de auditoría de forma muy apegada.

Al ser una norma global, pero a su vez mayormente usada en México, le permite tener mayor cercanía a expertos y empresas que le evalúen.

Típicamente los auditores normativos y los contratados para validar los avances en riesgos utilizan esta norma como su principal marco de referencia.

Es un marco muy completo, aunque si usted desea apegarse a un marco más técnico NO le será útil como quizás una NIST.
Los factores críticos para el éxito serán:
- Participación de la alta dirección en el proceso.
- Comunicación y capacitación de tal forma que la gente sepa el antes, el después y los resultados obtenidos, así como actividades que pueden ser asignadas derivadas del análisis.
- La definición de objetivos y su alcance es fundamental para alcanzar la meta deseada.
- Roles y responsabilidad en los procesos son parte básica para la correcta operación del proyecto.
- Integrar el SGSI (Sistema de Gestión de Seguridad de la Información) es fundamental, pues cada actividad debe estar integrada al plan rector.

En el análisis de riesgo se deberán utilizar los criterios de probabilidad, de cobertura, de nivel de riesgo y de nivel de impacto; se deberá identificar, analizar y evaluar el riesgo y dentro de esta identificación se deberán identificar amenazas, controles existentes, vulnerabilidades y consecuencias. Debemos contar también con una evaluación de probabilidades y llegar a un plan de tratamiento y aceptación del mismo. Un punto clave a notar es que "El dueño del activo es el dueño del riesgo".

Capítulo 9
Justificando el valor de los proyectos de ciberseguridad

> *"We are not thinking machines. We are feeling machines who think."*
>
> Richard Restak

La evolución y cambio tecnológico han alcanzado un ritmo acelerado prácticamente incontrolable; en particular podemos ver reflejado este ritmo de cambio en la gestión de riesgos digitales, la cual es notablemente mayor en el incremento del uso de la automatización, en el análisis de datos de áreas focalizadas en conocer a su cliente, en los riesgos asociados a los mismos (KYC por sus siglas en inglés), así como en las áreas dedicadas a contener el crimen financiero, que incluyen la necesidad de realizar la gestión de los riesgos impuestos por terceros, etcétera. Estos ejemplos son tan solo una muestra clara y concisa de los efectos colaterales de la evolución tecnológica, cuyo intento de control requiere la participación de áreas como la ciberseguridad, fraude operacional, análisis de crédito y generación de reportes regulatorios y de cumplimiento.

Ante este entorno acelerado de crecientes amenazas, el responsable de la seguridad necesita aprender a realizar propuestas de valor que apalanquen al negocio en entornos en los que la credibilidad de los equipos de seguridad es constantemente cuestionada. Por lo anterior consideramos que es importante recapacitar y validar que las operaciones de seguridad de la organización están debidamente orientadas y proveen el valor esperado por el negocio, lo cual sin duda implica:

- **Reducción de impactos al negocio.** Es decir las operaciones de seguridad detectan y responden amenazas, debilidades, vulnerabilidades e impactos provocados por ataques o brechas de seguridad, de manera que minimizan los impactos al negocio en forma temprana.
- **Resiliencia y continuidad de los activos críticos del negocio.** Se basa en la capacidad de relacionar estos cibereventos o amenazas y responder en forma efectiva, oportuna y coordinada.
- **Evolución permanente del programa de ciberseguridad.** Ante la creciente amenaza, la determinación de las causas raíz, vectores de ataque, arquitecturas seguras, seguridad por diseño y eficiencia permiten la evolución de las operaciones de seguridad y el entendimiento de los nuevos ataques.

Debemos reconocer que las encuestas realizadas periódicamente a los CEO indican que en ocasiones hemos puesto la escalera en la pared equivocada, y el negocio no siempre se encuentra satisfecho con los equipos de seguridad de información; entonces hay que identificar algunas estrategias equivocadas como:

    1.**Focalizar en el compliance de ciberseguridad** y no en el riesgo residual el contexto del negocio y la resiliencia de las operaciones.

    2.**Hacer una búsqueda interminable de soluciones tácticas**, es decir, buscar "la bala de plata" en lugar de buscar una mezcla inteligente de soluciones debidamente orquestadas e integradas que permitan ejecutar la estrategia en forma efectiva.

    3.**Olvidar que la ciberseguridad es un proceso** y no solo una inversión en tecnología que termina subutilizada o configurada en forma inapropiada sin el mantenimiento adecuado.

    4.**Falta de un plan de respuesta a incidentes probado**,. Asumir que en algún momento seremos atacados permite tener claros los roles, responsabilidades y acciones que habilitan la resiliencia organizacional, es decir, tenemos que considerar que, como en el caso de la pandemia, "algún día nos vamos a contagiar" y, entre más capacidades o menos debilidades tengamos, mejor responderemos.

Entender claramente el alcance y los objetivos de los componentes fundamentales de la función y operaciones de seguridad es una pieza clave; si no tenemos esto claro y cómo los SecOps encajan en las operaciones críticas del negocio, ¿cómo pretendemos responder los cuestionamientos del consejo directivo al promover o buscar implementar una estrategia prioritaria de

Justificando el valor de los proyectos de ciberseguridad

protección? ¿Cómo vamos a convencer a ese consejo de que las alternativas que estamos proponiendo son las que el negocio requiere?

A continuación, revisaremos algunos de los aspectos que nos permiten influenciar y persuadir de forma efectiva al comité o líderes de la alta dirección, ya que la toma de decisiones para aprobar nuestras iniciativas siempre está basada en el valor y en la confianza que logremos transmitirles.

Primeramente, debemos reconocer que el rol del CISO (director de seguridad) se ha transformado de habilitar al negocio apoyándose en la tecnología a impulsar o conducir el crecimiento del negocio y proveer ventajas competitivas, por lo tanto siempre debemos tener en mente el impacto que generaremos en términos de ingresos, operaciones de negocio, desempeño, soporte de nuevas estrategias o modelos de negocio.

Es necesario entender que ya no solo gestionamos el riesgo, sino que también aseguramos la habilitación del negocio, el crecimiento y el apalancamiento de las ventajas competitivas, es decir, el equipo de seguridad puede hacer que la organización pase de tener "buenos" proyectos a tener proyectos "grandiosos", sobre todo cuando contamos con un "marco de trabajo" alineado con el negocio y entendemos el rol de las operaciones de seguridad.

Al comprender cómo es la dinámica del negocio e identificar los dominios en donde el equipo de ciberseguridad puede impactar logramos resultados grandiosos o espectaculares; por ejemplo, en los proyectos de transformación digital, po-

demos considerar aspectos como:
Mejoramiento operacional
   - **Áreas de impacto a considerar:**
      - Eficiencia de procesos
      - Utilización de activos
      - Agilidad
      - Nuevos modelos de negocio y servicios

Conducción o impulso del negocio
   - **Áreas de impacto a considerar:**
      - Generación de demanda
      - Alcance y selección de servicios e infraestructura
      - Procesos de compra del cliente (multicanalidad / omnicanalidad)
      - Experiencia del cliente

Es necesario dejar a un lado nuestra vocación y antecedentes tecnológicos y traducirlos en beneficios para el negocio, es decir, no podemos ir al consejo directivo a vender un producto tecnológico de seguridad, no se trata de ir a vender un *firewall*, no importa la marca, necesitamos presentar nuestras soluciones debidamente alineadas con los requerimientos, prioridades o necesidades reales de negocio, las cuales deben estar consensadas previamente con los dueños de los procesos de negocio o interlocutores clave, y siempre se deben presentar los beneficios acordes con sus expectativas, ya sea que hablemos de la capacidad para hacer más negocio, mejora o simplificación de las operaciones o mejora en la experiencia de los clientes o usuarios.

Justificando el valor de los proyectos de ciberseguridad

Por otro lado, es necesario determinar cómo aprende la organización, es decir, cuál es su capacidad de acción y transformación, así como el tipo de cultura de negocio existente. Sin duda alguna determinar las características de la cultura organizacional con relación a la adopción de la tecnología facilitará el alineamiento de nuestra solución. Comúnmente las organizaciones adoptan alguno de los siguientes aspectos con relación a la adopción de tecnología:
- Innovadores (entusiastas)
- Early adopters (visionarios)
- Mayoría temprana (pragmáticos)
- Mayoría tardía (conservadores)
- Rezagados (escépticos)

Por lo que sería un error presentar una propuesta de valor totalmente innovadora a un comité u organización cuya principal característica es ser escéptico o conservador; en este caso es mejor ir poco a poco para no salir derrotado en nuestra presentación.

Es momento de hacernos la pregunta obvia: ¿Qué entendemos por "valor"?, ya que podría ser un aspecto interpretado de forma subjetiva en algunas culturas empresariales. El valor se produce normalmente a través de los servicios y una forma de estimarlo en su forma más simple es determinando **el beneficio** que provee nuestra solución, restándole **el costo** de generarlo.

$$valor = beneficio - costo$$

Esta forma de calificar el valor puede ser subjetiva, por lo que conocer qué parte del servicio proporcionado por las operaciones de seguridad es relevante o importante para los diferentes usuarios o clientes del servicio es un reto sin duda complejo pero relevante al momento de presentar las propuestas de valor.

Un estudio reciente presentado en la revista *Harvard Business Review* (HBR) identificó 40 elementos de valor que los responsables de adquirir un servicio aprecian o consideran "más importantes", los cuales se dividen en cinco categorías:

    A. Expectativas mínimas
    B. Funcionales
    C. Facilidad para hacer negocios
    D. Individuales
    E. Inspiracionales

También se identificó que estos elementos integran aspectos totalmente objetivos, como los relacionados con el costo y las especificaciones prácticas del servicio o solución y otros aspectos subjetivos como los que tienden a reducir la ansiedad del comprador o mejorar la reputación.

Evidentemente esto confirma la necesidad de entender y tener en cuenta las consideraciones racionales y emocionales de la gente que decidirá sobre el futuro de nuestras propuestas, y adaptar la propuesta de valor a los aspectos que más valoran los clientes o los que toman las decisiones en ese sentido.

Justificando el valor de los proyectos de ciberseguridad

Se trata de tener claros tanto los aspectos que ofrece un valor objetivo como los que son subjetivos pero relevantes al momento de tomar decisiones. Como indicó Abraham Maslow en su famosa pirámide sobre la jerarquía de las necesidades humanas "las acciones humanas están motivadas por un deseo innato de satisfacer necesidades que van desde lo básico (seguridad, calidez, comida, descanso) hasta lo complejo (autoestima y altruismo)"; así también el modelo de los elementos de valor desarrollado por Eric Almquist, Jamie Cleghorn y Lori Sherer toma este conocimiento y lo aplica a las personas que desempeñan funciones en la toma de decisiones e incluye sus motivaciones para comprar, aprobar y usar productos y servicios.

De esta manera una interpretación y ejemplos de los elementos de valor se establecieron en una pirámide similar a la de Maslow y se definen como:

A. Expectativas mínimas (*table stakes*). Estos están en la base de la pirámide y se refieren al cumplimiento de las especificaciones a un precio aceptable en cumplimiento de las regulaciones con apego a los estándares éticos, es decir, son los prerrequisitos para estar en el negocio.

B. Valor funcional. Este siguiente estrato de la pirámide de valor, ubicado enseguida de la base anterior, define los aspectos que conllevan a las necesidades económicas o de desempeño del producto y que son necesarias para el negocio o la solución misma. Incluyen aspectos como reducción de costos, calidad del producto, innovación, mejoras superiores y escalabilidad. Tradicionalmente son en las que nos enfocamos.

Valores asociados con la facilidad para hacer negocio. Esta tercera capa o estrato de abajo hacia arriba incluye los aspectos de valor divididos en tres grupos: productividad, acceso y relación. El primer grupo incluye aspectos como productividad de los clientes o usuarios entre los que encontramos el ahorro de tiempo, reducción de esfuerzo, transparencia, información y disminución de inconvenientes. El segundo grupo de acceso incluye aspectos como disponibilidad, variedad y alternativas de configuración. El tercero incluye aspectos como capacidad de respuesta, experiencia, estabilidad, reducción de riesgos y otros que podrían ser evaluados subjetivamente por parte de los compradores, como el compromiso con la organización y cómo encaja la solución con los aspectos de la cultura organizacional.

C. Valor individual. Los elementos considerados en la siguiente capa proveen valor del tipo subjetivo y se enfocan en las prioridades individuales del comprador. Estos pueden ser del tipo personal como la reducción de la ansiedad, el diseño atractivo y la estética; pero también existe un grupo de aspectos basados en las expectativas de desarrollo o experiencia profesional del comprador, por ejemplo, qué tan mercadeable es o en qué medida facilitará la expansión de la red. En este caso pueden aparecer también algunas preocupaciones emocionales o temores que pueden llevar a la selección de soluciones que comúnmente implican la inversión de grandes cantidades de dinero y tiempo, sobre todo cuando la decisión es fallida y suelen dañar, además, la reputación de la organización ante los clientes, motivo por el que no recomendamos la generación de temor, incertidumbre o dudas en quien toma decisiones.

D. Valor inspiracional. Finalmente, en lo alto de la pirámide se encuentran los elementos de valor inspiracional, que son precisamente los que mejoran la visión del futuro del cliente y ayudan a las organizaciones a anticiparse a los constantes cambios del mercado y tecnología, estos proveen la esperanza de un futuro de la organización motivando el cambio hacia una nueva generación tecnológica fácil y asequible o incrementan la responsabilidad social de la compañía.

La propuesta de valor debe tomar en cuenta los diferentes estratos; aunque es poco realista pretender incluir todos en cada propuesta, es importante considerar que los aspectos en la base de la pirámide son directos y fáciles de medir mientras que los de las tres capas en lo alto de la pirámide son del tipo emocional, lo que confirma que "Los hombres no somos máquinas de pensar que sienten, somos máquinas de sentir que piensan".

Una encuesta desarrollada por Bain, Research Now y Lucid con los responsables de decidir las adquisiciones tecnológicas y pólizas de seguro de más de 2,300 empresas muestra que un desempeño excelente de la infraestructura de TI está fuertemente relacionado con una mayor lealtad de usuarios.

Dicha encuesta indica que los aspectos tecnológicos que más interesan a los compradores de tecnología de TI son:
   A. La calidad del producto o servicio,
   B. Experiencia del vendedor
   C. Receptividad

Otro de los aspectos relevantes de este estudio para el tema de seguridad y que seguramente podemos traspolar a nuestra realidad se encuentra en los resultados asociados con las aseguradoras, en donde la prioridad de valor la dan los aspectos que seguramente podemos imaginar:
   A. Reducción de riesgos
   B. Reducción de costos
   C. Disponibilidad
   D. Estabilidad
   E. Reducción de la ansiedad

A estos se suman también los mismos que interesan a los compradores de TI.

Generando una propuesta de valor
Una aproximación adecuada para utilizar los elementos antes mencionados e incluirlos como componentes relevantes para mejorar la propuesta de valor está basada en una serie de preguntas y escucha activa que nos aseguren:
   A. Entender o descubrir los desafíos que enfrenta nuestro cliente.
   B. Dimensionar dichos desafíos, el costo o impacto de los mismos.

C. Consensuar la visión de la solución y asegurar que el cliente reconozca que él ha contribuido a desarrollarla.
D. Garantizar que el cliente valora dicha solución, su solución.
E. Identificar que la solución es conocida por quienes deciden o evalúan.

Para ello sugerimos las siguientes actividades:

1. **Comparar las propuestas y alternativas.** Considerando diferentes soluciones y proveedores, clarificando cómo se cumplen los elementos de las capas 2 a la 5 y recordando que la capa 1 de la base de la pirámide es obligatoria, seleccione a los proveedores que de entrada cumplan con la mayoría de los elementos, establezca objetivos obligatorios y deseables y priorícelos o pondérelos.

2. **Entender las necesidades y expectativas reale**s de la dirección y usuarios. Sea objetivo, clarifique sus objetivos y alcances del proyecto. Platique con los dueños de los servicios o usuarios de la solución y explore sus necesidades y prioridades, así como los aspectos que les dejarían satisfechos o les provocarían algún tipo de frustración, luego comprométalos en el uso de los productos y servicios.

3. **Determine quién tomará la decisión y quiénes influirán en la misma.** Cuando presentamos soluciones a la dirección, entre más claridad tengamos de la organización y de los roles dentro de la misma mejor podremos establecer sus prioridades y aspectos de valor ligados. Al realizar esta tarea es importante tener una retroalimentación honesta

y clara de ellos, pues la claridad y la transparencia en este momento son cruciales.

4.**Determine los mecanismos o elementos que permiten incrementar el valor** a los clientes o usuarios. Incluya los aspectos de valor que aseguren que el producto es relevante, determine qué va primero o en qué aspectos debe enfocarse y trabaje con un equipo multidisciplinario.

5. **Afine, pruebe y aprenda** de las reuniones con el equipo y con los clientes. Considere las mejores ideas y defina cómo hacerlas parte de la propuesta de valor; afine también sus capacidades para entregarlas como parte del proyecto ahora o posteriormente, pero lo más importante es que establezca resultados tangibles que los usuarios esperan tener y asegúrese de cumplirlos.

6. **Aplique la prueba del ácido.** Una vez que ha incorporado los elementos de valor reevalúe cómo queda su solución o *stack* de soluciones con relación a los requerimientos de la organización y revise cuál de las diferentes alternativas dará potencialmente más valor a la organización y si es necesario actualizar la información de los proveedores o alternativas hágalo, pero aclarando las nuevas expectativas o requerimientos.

Considere que las tecnologías y soluciones de TI están en constante evolución y normalmente cuentan con un plan de *Roadmap* de aspectos que se irán incorporando en el tiempo. Recuerde que estas mejoras no se implementan solas así es que aproveche para preparar un plan de futuras mejoras o aspectos que se podrán cumplir más adelante en el tiempo. También es importante considerar que las organizaciones requieren de ciertos niveles de madurez para incorporar a sus procesos diferentes soluciones, pues la tecnología no se opera sola y se requiere considerar y plantear procesos y organizaciones que darán soporte a la misma.

7. **Valide y dé seguimiento al cumplimiento de los objetivos** ofrecidos. Si su intención es seguir ganando credibilidad y desarrollarse en la organización, asegúrese que sus iniciativas entregan el valor esperado a sus usuarios.

8.**Implementaciones ágiles.** Como todas las implementaciones, entre más rápido se entreguen resultados o se den cuenta de que hay que enderezar el curso existen más posibilidades de lograr el objetivo y enderezar el curso, por lo que no es mala idea empezar con implementaciones cortas pero consistentes y de valor; poco a poco se conseguirá el valor total, pero es mejor empezar dando resultados pronto.

Es importante recordar que siempre competimos contra diferentes estrategias o soluciones para el negocio, por lo que las soluciones de valor presentadas deben estar debidamente apalancadas y alineadas con las necesidades de la organización, deben tener muy claros los aspectos de valor para la organización ya sean objetivos o subjetivos (ya sea la reducción del riesgo, de costos, disponibilidad, resiliencia o estabilidad y por ende la reducción de la ansiedad), ya que posiblemente serán algunos de los elementos que facilitarán que se cuente con el apoyo de la organización y se obtenga la aprobación de sus estrategias y soluciones de ciberseguridad. ¡¡Mucho éxito!!

Capítulo 10

Retorno de la inversión en seguridad (ROSI)

"Realiza siempre un análisis de retorno de la inversión."

Jeffrey J. Fox, How to become a Rainmaker.

Tal y como se ha expresado a lo largo del libro, una de las prioridades del CIO o CISO es la gestión efectiva de la seguridad de la información y la aprobación del presupuesto e inversiones necesarios para lograr este objetivo.

Este proceso inicia con la evaluación, valoración y priorización de los activos y la determinación de los escenarios de amenazas que podrían afectarlos, de manera que se proceda a determinar los riesgos a los que están expuestos y los controles de seguridad que son necesarios, así finalmente se llegaría a dimensionar el costo y justificación financiera para poner en marcha esos controles.

Al monitoreo, la contención de amenazas, la respuesta a incidentes y el cumplimiento regulatorio se le suma la justificación de las inversiones que soportan la estrategia de seguridad y todo forma parte de las principales responsabilidades del encargado de la seguridad de la información (CISO) y su equipo de trabajo.

Las situaciones económicas hostiles, complicadas y recesivas, generadas por temas de orden global como la pandemia por covid-19 propician una situación compleja para las organizaciones al momento de adoptar y tomar decisiones de inversión, sobre todo cuando van más allá de la posible generación de ingresos, elaboración de nuevos productos o reducción del gasto operativo para mantenerse competitivos.

Por otro lado, a esta situación ya de por sí compleja se la ha sumado una ola de ataques, robos de información y extorciones que amenazan la continuidad de las operaciones empresariales y afectan directamente el valor del negocio para los accionistas y su rendimiento. Esto es una oportunidad importante de conseguir fondos para la estrategia de seguridad que debemos saber justificar apropiadamente.

En respuesta a lo anterior, los líderes de negocio necesitan que el CISO adopte un liderazgo estratégico, que vaya más allá del monitoreo, cumplimiento y operaciones de seguridad, que se integre de mejor forma al negocio, que proponga soluciones innovadoras y efectivas en costo, es decir, que administre el riesgo de una forma estratégica e integrada con las áreas de negocio y que trabaje en crear una cultura de propiedad del riesgo cibernético compartido con la organización. Algunos de los aspectos relevantes que permiten que el CISO o responsable de la seguridad sea exitoso y consiga los fondos necesarios para la estrategia de seguridad es que piense de forma innovadora y austera, que considere que los aspectos de control que defina sean habilitadores de negocio, que alinee eficientemente las acciones de protección y determine con claridad el retorno de la inversión en seguridad (ROSI por las siglas en inglés de *return on security invesment*) a fin de que incremente las posibilidades de ser aprobado.

Como sabemos el análisis del retorno de la inversión (ROI por las siglas en inglés de *return on investment*) permite calcular los beneficios económicos que obtendrá el negocio al iniciar alguna estrategia o al utilizar cierta solución. Cuando hablamos de seguridad las cosas no cambian, solo es necesario darle un enfoque orientado al riesgo y al valor de los activos que vamos a proteger.

Una definición apropiada para el retorno de la inversión en seguridad (ROSI) señala que es el indicador financiero que establece el punto de retorno máximo de la inversión en seguridad y equivale a la situación en la que el costo total de la habilitación de medidas de seguridad es el más bajo e incluye el costo de los eventos de seguridad, el costo de los controles de seguridad diseñados para prevenirlos o contenerlos en forma apropiada y el costo de los recursos humanos y tecnológicos para operarla y mantenerla.

Para el profesional de la seguridad, el ROSI es significativamente más importante que el ROI ya que permite explicar en forma efectiva las necesidades de inversión. Es precisamente en este punto en donde los dueños del negocio, los directores de finanzas y los contralores suelen entender la estrategia

Retorno de la inversión en seguridad (ROSI)

de protección o de ciberseguridad y facilitan la aprobación de la inversión; no obstante, es también el momento en que les surgen diversas preguntas que usted debe estar preparado a contestar.

Principalmente tenemos que mostrar, por ejemplo, que no estamos gastando $100,000 dólares para proteger un activo valorado en $10,000 dólares o uno que solo generará $50,000 dólares en ingresos. Como parte de este proceso es importante garantizar que estamos alineados con la estrategia del negocio y con su propuesta de valor, y que entendemos el entorno de los activos y los riesgos o amenazas a los que están expuestos.

Por lo tanto, es necesario que la alta dirección, finanzas, los dueños de los procesos críticos de negocio y el responsable de la seguridad compartan y entiendan las estrategias y necesidades de protección, y por consiguiente el gasto o inversiones en seguridad de información que se requieren, y que verifiquen que el retorno de inversión sea acorde con el riesgo identificado.

Realizar esta estimación nos permite ganar credibilidad y ser considerados parte del negocio y no solo un ave de mal agüero que porta noticias de ataques de alto impacto no detectados oportunamente o que notifica que no debe llevarse a cabo un proyecto estratégico del negocio porque no cumple con elementos de seguridad.

El hecho de que la alta dirección normalmente se sienta atraída por las actividades que generan más ingresos o ganancias (pues es su principal motivación) hace importante que planteemos estrategias innovadoras pero efectivas y prácticas que permitan la reducción de pérdidas o fraudes y/o que sean habilitadoras de nuevos negocios.

Trabajar a tiempo es importante, debemos tener en mente que la implementación oportuna de controles de seguridad reduce la probabilidad de pérdidas elevadas en caso de que ocurra un incidente de seguridad. La cultura reactiva ante incidentes siempre va a ser más costosa ya que no solo se orienta a resolver el daño si no a recuperar la imagen y saldar las posibles penalizaciones o pérdidas resultantes del incidente.

Para determinar la mejor estrategia de protección e inversión requerida, la organización necesita entender y analizar los factores y escenarios asociados, así como los costos de proteger la información. Es importante incluir factores como el rendimiento o productividad, la disponibilidad y la cobertura de los controles en los que se realizará la inversión como parte del análisis de riesgos y costos.

Recuerde que es necesario contar con una evaluación o al menos un registro de riesgos o amenazas a los que están expuestos los activos; es decir, en términos contables es necesario establecer el libro mayor de riesgos, que debe incluir la ocurrencia o expectativas de ocurrencia de dicho riesgo, así como las pérdidas potenciales esperadas en caso de que se materialice. No importa si este registro se realiza en una hoja de cálculo o una base de datos, lo importante es que los riesgos que enfrentan los activos críticos sean visibles y se muestren en un lenguaje claro que entiendan las diferentes áreas de negocio.

Tenga en mente que no debe ir a la alta dirección a vender un producto, por el contrario, debe presentar los beneficios o aspectos de valor que va a obtener la organización con este producto, solución o estrategia; esto hará una diferencia significativa al momento de presentar la propuesta y obtener la aprobación.

Asegúrese de cumplir las expectativas y necesidades de los dueños o responsables de los servicios críticos o estrategias del negocio; trabaje activamente con ellos y entienda sus necesidades y limitaciones, así como el valor de los activos o la capacidad de estos para generar el negocio.

Una vez determinados estos aspectos es importante establecer los escenarios de amenazas, riesgos o pérdidas a los que están expuestos los activos críticos a proteger, plantearlos en términos reales a fin de explicar qué tipo de contención de riesgos se está implementando, su alcance y por supuesto el impacto estimando o el beneficio y el costo asociado en caso de implementar dichos controles.

Por lo tanto, es importante que realice una calificación de dichos riesgos e impactos con un enfoque lo más cuantitativo posible y, si no es posible, uno semicuantitativo manteniendo el foco en el tipo de operaciones o funciones de negocio que soportan dichos activos.

Considere que mediante la visibilidad de los diferentes escenarios de riesgo o amenaza y la determinación del impacto o amenazas reales podrá establecer un marco cuantificado de los riesgos, así como el costo de mitigación, lo cual le permitirá entregar una estimación financiera aproximada a la dirección o a sus pares a nivel ejecutivo.

Es clave considerar que los responsables de la toma de decisiones y de la aprobación de las inversiones financieras están acostumbrados a recibir propuestas o requerimientos de inversión en presentaciones modernas, simples, directas y con números reales. Evite en la medida de lo posible llevar el ámbito técnico de seguridad o de FUD (*fear, uncertanty & doubt*), es decir, temor, falta de certeza o duda a quienes toman las decisiones, pues esto generalmente termina mal y no es una práctica apropiada para gestionar seguridad, ya que puede desencadenar en la pérdida de relevancia de lo que se está presentando.

A fin de lograr una estimación lo más cuantitativa posible, un enfoque comúnmente utilizado para materializar o dimensionar el ROSI es el siguiente:

En primer lugar, debe estimar el daño potencial que un incidente podría causar a la organización, que también se denomina SLE (*single lost expectancy*) y para calcular el SLE debe considerar aspectos como:

- El impacto y alcance del posible incidente, esto es, qué departamentos, ubicaciones, unidades de negocio y procesos se verían afectados.
- El costo que implicaría la compra o restauración de equipos, bienes y materiales que resultarían dañados por el incidente.

- La mano de obra requerida, es decir, el costo de los recursos internos o externos que resolverían el incidente.
- Penalizaciones regulatorias y/o contractuales. Hoy en día las organizaciones a las que ofrecemos servicios o los órganos regulatorios han establecido multas por una falla o afectación del servicio o pérdida de información.
  - Pérdida de ingresos. Este es el aspecto que seguramente tendrá más eco en la dirección, sobre todo si se plantea en términos de pérdida de ingresos de clientes actuales, potenciales, pérdida de clientes y afectación a la marca.

A continuación, debemos estimar la probabilidad de ocurrencia: aquí es cuando entran los escenarios planteados con anterioridad y se consideran las amenazas, impactos y vulnerabilidades, así como las medidas de seguridad existentes.

Un aspecto crucial es la determinación de la frecuencia estimada en la que se producirá un incidente de este tipo: puede ser semestral, anual o realmente muy poco probable.

Es importante ser realista y aprovechar su matriz de riesgos con las aproximaciones o amenazas. En caso de que faltara esta información, existen sitios como el Ponemon Institute que lleva estadísticas de eventos, valoraciones e impactos financieros derivados de los diferentes ataques de ciberseguridad. Incluso existen diferentes reportes de fabricantes o proveedores de seguridad que hablan de la experiencia de clientes similares o en diferentes industrias.

Estimación del costo anualizado de riesgo
Single lost expentancy (SLE) Î probabilidad de ocurrencia estimada = *annual lost expectancy* (ALE)
Ahora se trata de evaluar los beneficios de los controles, y a lo que nos referimos es a determinar la frecuencia del incidente potencial y su impacto después de implementar las medidas de seguridad. Es importante reconocer que, en la mayoría de los casos, no podemos evitar la frecuencia de ocurrencia de un evento de seguridad, pero sí podemos minimizar el impacto de su ocurrencia.
Por último, al estimar el costo total de los controles de seguridad, es importante tener en cuenta varios aspectos:

1. **Valor de compra.** Incluya los diferentes costos, como el *hardware, software*, servicios de implementación y recursos externos a utilizar.
2. **Valor residual del control de seguridad.** Considere el valor para la organización después de que ya no esté en uso e incluya la depreciación.
3. **Costos de mantenimiento y soporte.** Las tecnologías necesitan mantenimiento, reparaciones, reposición y soporte en general para mantenerse vigentes, sobre todo las de seguridad.
4. **Costos de operación**. Es decir, el personal interno que se dedicará a operar, monitorear y mantener el control funcionalmente hablando.

El director de finanzas le agradecerá contar con esta información, sobre todo porque con estos elementos podrá determinar si el retorno de la inversión en seguridad es positivo o no. El punto de equilibrio es cuando la disminución de su riesgo es mayor que el costo total de las medidas de seguridad e implicaciones de mantenerla.

Al calcular ambos en forma anual podrá validar que su expectativa de pérdida anualizada es mayor que el costo anual de las medidas de seguridad y precisamente este sería el momento en el que el ROSI se vuelve crucial para la toma de decisiones y aprobación de su estrategia.

Recuerde que adicionalmente a la dirección le interesa saber:

¿Cómo está el entorno externo?

¿Qué están haciendo sus pares o competidores?

¿Cómo se comparan con ellos?

Por esta razón le recomendamos investigar al respecto antes de ir a presentar su estrategia y requerimientos de aprobación. Actualmente existen empresas que realizan este tipo de servicios y que suelen ser muy útiles para la dirección, ya que muestran información externa del nivel de riesgos visto desde la perspectiva de un tercero.

Idealmente, el proceso de definición de requisitos debe comenzar desde la parte superior de la organización. Comprender todos los procesos empresariales es importante para garantizar que los cambios en los procesos de gestión o mantenimiento se llevan a cabo correctamente desde la perspectiva de seguridad.

La manera en que una organización se enfoca en la protección de la información depende de su apetito por el riesgo. La alta dirección necesita considerar el impacto para la organización si no mitigan adecuadamente los riesgos y es importante que el CISO se asegure de que esto sea claro, oportuno y se avale por los dueños de los procesos de negocio, sin tener que estar en modo reactivo.

Esperamos que pronto las organizaciones transformen su cultura organizacional, presten atención y asignen recursos humanos y financieros al programa de seguridad de la información y no esperen a actuar exclusivamente después de que se haya producido un evento o brecha significativa. Es mejor que sean proactivos y aseguren la resiliencia del negocio aun en los diferentes escenarios que nos presenta la nueva realidad de los negocios.

Capítulo 11

Servicios de nueva generación de SecOps y respuesta a incidentes

Infraestructura y sistemas orientados a la seguridad

La integración de servicios de seguridad, monitoreo, seguimiento de vulnerabilidades y todos aquellos servicios orientados a la ciberseguridad son procesos que conllevan un número considerable de soluciones *hardware* o *software*; y su administración, mantenimiento y monitoreo es también todo un proceso que debe, por lo regular y en determinados ambientes o requerimientos, ser llevado a cabo por especialistas dedicados a tiempo completo.

Las operaciones de monitoreo y administración de eventos son ejecutadas comúnmente por una entidad para este fin identificada como SOC (*security operation center*) o ISOC.

Un Centro de Operaciones de Seguridad de la Información (ISO o SOC) es una instalación donde el personal de seguridad monitorea los sistemas empresariales, se defiende contra las brechas de seguridad e identifica y mitiga proactivamente los riesgos de seguridad.

En el pasado, el SOC se consideraba una infraestructura de gran peso que solo estaba al alcance de organizaciones muy grandes o preocupadas por la seguridad. Hoy en día, con nuevas herramientas de colaboración y tecnología de seguridad, muchas organizaciones más pequeñas están configurando SOC virtuales que no requieren una instalación dedicada y pueden utilizar personal de seguridad, operaciones y desarrollo a tiempo parcial. Por otra parte, muchas organizaciones están configurando SOC administrados o SOC híbridos que combinan personal interno con herramientas y experiencia de los proveedores de servicios de seguridad administrados (MSSP). Estas modalidades son las que representan una implementación de última generación para nuestros centros de seguridad.

¿Servicios administrados o propios?

Un SOC es una etapa avanzada en la madurez de la seguridad de una organización. Los siguientes son motivos que generalmente empujan a las empresas a dar este paso:

- Requisitos de estándares como el Estándar de seguridad de datos de la industria de tarjetas de pago (PCI DSS), regulaciones gubernamentales, financieras o requisitos del cliente.
- La empresa debe defender datos muy sensibles.
- Violaciones de seguridad pasadas y / o escrutinio público.

- Tipo de organización: por ejemplo, una agencia gubernamental o una gran empresa casi siempre tendrán la escala y el perfil de amenaza que justifica un SOC o incluso varios.

El centro de operaciones de seguridad clásico es una instalación física que está bien protegida en términos de seguridad cibernética y seguridad física. Es una sala grande, con personal de seguridad sentado en escritorios frente a una pared con pantallas que muestran estadísticas de seguridad, alertas y detalles de incidentes en curso. Sin embargo, hoy en día, muchos SOC se ven bastante diferentes, por ejemplo, un SOC virtual (VSOC) no es una instalación física, sino un grupo de profesionales de seguridad que trabajan juntos de manera coordinada para realizar las funciones de un SOC.

Los equipos de seguridad que crean un SOC enfrentan varios desafíos comunes:

- **Visibilidad limitada.** Un SOC centralizado no siempre tiene acceso a todos los sistemas organizativos. Estos podrían incluir puntos finales, datos cifrados o sistemas controlados por terceros que tienen un impacto en la seguridad.
- **Ruido blanco.** Un SOC recibe inmensos volúmenes de datos y muchos de ellos son insignificantes para la seguridad, pero la gestión de eventos e información de seguridad (SIEM) y otras herramientas utilizadas en el SOC mejoran el filtrado del ruido, porque aprovechan el aprendizaje automático y la analítica avanzada.

- **Falsos positivos y fatiga de alertas.** Los sistemas SOC generan grandes cantidades de alertas, muchas de las cuales resultan no ser incidentes de seguridad reales. Los falsos positivos pueden consumir una gran parte del tiempo de los analistas de seguridad y hacer que sea más difícil darse cuenta de las alertas reales.

Los tres desafíos se abordan mediante un sistema de gestión de eventos e información de seguridad (SIEM), que impulsa las operaciones diarias en los SOC de última generación, tanto físicos como virtuales.

Ahora bien, implementar un centro de operaciones de seguridad implica tener en cuenta los elementos físicos y humanos requeridos o bien, adquirir los servicios de un tercero; esta última será una decisión basada en los elementos mencionados anteriormente y en muy buena parte en el costo económico.

Centros de monitoreo y su evolución

A través del tiempo los centros de monitoreo han evolucionado y cada uno tiene responsabilidades propias. Las organizaciones y su nivel de madurez serán los responsables de definir hasta dónde requieren cada unos de los servicios; esto, además, involucrará personal calificado, presupuesto, entre otras cosas.

Centro de operaciones de redes (NOC)

Es el lugar donde viven los servidores corporativos, así como toda la conectividad de la red. Hay algunos NOC que están dentro de oficinas y otros en jaulas en sitios remotos. La gestión y monitoreo de *hardware* y *software* de estos servidores usualmente se lleva a cabo por el departamento de infraestructura, pero una opción para grandes compañías puede ser una instalación aislada para todos sus equipos y su gestión en parte por el dueño del sitio que brinda el servicio.

Centro de operaciones de seguridad (Security operations center)
Los SOC trabajan con las herramientas tecnológicas y observando los procesos con el objetivo de detectar amenazas, contenerlas o hasta repararlas en caso de una vulneración. Los sistemas modernos deben tener la capacidad de prever y responder para minimizar el riesgo.
En la definición de la compañía Oracle "El Centro de Operaciones de Seguridad (SOC) se refiere al equipo responsable de garantizar la seguridad de la información".
Los SOC típicamente serán las tecnologías o plataformas que supervisan y administran la seguridad de los sistemas de información.

Equipo de respuesta ante incidentes informáticos (Computer Security Incident Response Team)
Los CSIRT son áreas de seguridad que están recibiendo constantemente eventos de seguridad. Uno de sus principales objetivos es la investigación y análisis que permite la identificación de un ataque para poder contenerlo de forma oportuna.

En diferentes países se han creado CSIRT que trabajan para comunicar a otros las amenazas que han descubierto, su forma de trabajo y hasta soluciones propuestas, lo cual favorece la colaboración global para responder proactivamente y de esta forma tener un enfoque holístico.

Según la European Union for Cibersecurity (ENISA) hay más de 580 CSIRT en Europa y los define de la siguiente forma:

"CSIRT significa equipo de respuesta a incidentes de seguridad informática (*computer security incident response team*). El término CSIRT es el que se suele usar en Europa en lugar del término protegido *coordination center* (CERT / CC), registrado en Estados Unidos; incluso se usan diferentes abreviaturas para el mismo tipo de equipos:

- CERT o CERT / CC (*computer emergency response team / coordination center*) es el equipo de respuesta a emergencias informáticas / centro de coordinación.
- CSIRT (*computer security incident response team*) es el equipo de respuesta a incidentes de seguridad informática.
- IRT (*incident response team*) es el equipo de respuesta a incidentes.
- CIRT (*computer incident response team*) es el equipo de respuesta a incidentes informáticos.
- SERT (*security emergency response team*) es el equipo de respuesta a emergencias de seguridad.

Equipo de respuesta para emergencias informáticas (CERT computer emergency response team)

Como lo mencionamos en el párrafo anterior el CSIRT y el CERT son fundamentalmente lo mismo pero el término CERT está protegido por Estados Unidos por el CERT coordination center.

Por otra parte, Wikipedia lo define como "un equipo de respuesta ante emergencias informáticas", es decir, un centro de respuesta a incidentes de seguridad en tecnologías de la información. Se trata de un grupo de expertos responsable del desarrollo de medidas preventivas y reactivas ante incidencias de seguridad en los sistemas de información.

Cyberdefense center development (CDC)

De acuerdo con expertos como Mandiant "El objetivo del servicio de desarrollo del centro de defensa cibernética es administrar el proceso de seguridad y resolver futuras amenazas cibernéticas haciendo un hunting", y entre sus fundamentos está considerar la estrategia del negocio para sus consejos de prevención.

Como podemos observar en la siguiente lámina de Mandiant el NOC (*network operation center*) evolucionó a SOC (*security operation center*), CSIRT (*cybersecurity incident response teams*) y CDC (*cyberdefense center*).

Administración de operaciones de seguridad

Los procesos de SecOps brindan seguridad en los procesos de desarrollo.

¿Qué es SecOps?

Es un concepto conocido también bajo el nombre de DevSecOps y su objetivo es reunir a la gente de seguridad y a la gente de operaciones en un mismo entorno, de forma que la responsabilidad de los temas de procesos, la operatividad, así como la seguridad queden en manos de ambas partes.

Uno de los grandes éxitos de usar esta técnica es que hay una mayor interacción entre la gente que domina el negocio y los habilitadores de la tecnología, en este caso el departamento de desarrollo.

Existen diversas metodologías para los temas de gestión, pero particularmente SecOps involucra los temas de seguridad y es ahí donde está la diferencia.

Como ejemplo, imagine usted que el cliente le informa a un promotor comercial sobre alguna operación sospechosa, esto se comunica a desarrollo quien podrá observar los elementos que blinden un posible ataque y ponga atención a esta noticia de amenaza.

Las organizaciones típicamente tienden a seguir haciendo los desarrollos con los procesos clásicos; no obstante, esto ha dejado claro que una vez que el producto está terminado la especificación o expectativa no siempre se cumple. Cuando un proceso operativo falla, se puede ajustar mientras se ejecuta el *software* sin causar un riesgo tan alto o se da en menor medida. Con los temas de seguridad no podemos permitir esto, porque desde el primer indicio puede ser un problema de amplia magnitud.

Entre los beneficios de los SecOps está una mayor productividad porque tienen equipos involucrados que facilitan una salida con mejores resultados y favorecen el retorno de inversión. Las pruebas constantes al sistema ayudarán a no tener fallas o que estas sean las menores al final, en la salida a producción. Por ejemplo, si un proceso es revisado durante todo su desarrollo y está involucrado el departamento de auditoría, favorecerá a que se simplifique todo el procedimiento, porque estará completo el cumplimiento normativo; existirá por tanto una mejor gestión y el proceso de mejora continua estará muy marcado.

Finalmente la evolución de los centros de operaciones de seguridad, de las soluciones SOAR –empleadas para orquestar, automatizar y responder en forma efectiva– y de las tecnologías XDR –que permiten explorar datos en diferentes instancias y llevar a cabo las tareas eXtendidas de Detección y Respuesta (XDR) más allá de la que pudiera contener el SIEM– ha conducido al desarrollo de centros avanzados de ciberseguridad que ofrecen servicios a clientes cuya madurez demanda una experiencia de servicio más focalizada en la parte alta de la pirámide.

Estos servicios son conocidos como MDR (*managed detection & response*), los cuales según Gartner son servicios especializados de monitoreo, detección y respuesta o contención de amenazas, proporcionados en horarios continuos (24î7î365), que aprovechan la combinación de tecnologías implementadas en las capas de host y red –EDR (*end point detection & response*) y NDR (*network detection and response*)–, realizan análisis avanzados y cacería de amenazas e integran además la información de inteligencia de amenazas que cuenta con personal especializado dedicado a la investigación y respuesta de incidentes, de manera que se agiliza la detección y respuesta y, por ende, se minimizan los impactos.

Una realidad es que no podemos evitar que un adversario decida realizar ataques, pero sí podemos detectarlos y responder ágil y oportunamente, de forma que minimicemos los impactos de sus acciones.

Capítulo 12
Reputación empresarial

Reputación empresarial

La marca de una compañía es el equivalente a la reputación de una persona, "y la reputación se gana haciendo bien las cosas difíciles".

Jeff Bezos

Comencemos por decir que la reputación, de acuerdo con algunas fuentes como la Real Academia Española, es la opinión o consideración en que se tiene a alguien o algo; también es definida como el prestigio o la estima en que se tiene a alguien o algo.

En el entorno empresarial la reputación es la valoración que la gente tiene de la organización, y hoy en día la reputación en línea es la valoración de una buena o una mala experiencia de productos y servicios a lo largo de su vida.

En este libro hemos mencionado cuán importante es que la dirección general o el comité ejecutivo sean los principales responsables de la estrategia de seguridad, pues esto reducirá los riesgos y por tanto la posibilidad de que un ataque dañe la reputación de la empresa.

Un ciberataque puede traer pérdidas económicas, multas por

incumplimiento regulatorio e impactos negativos en la reputación. Los fraudes, las pérdidas financieras y todos los actos de los grupos organizados están totalmente relacionados con la reputación.

La reputación de una marca puede tardar años en desarrollarse y en la actualidad puede ser destruida en un mal día por un ciberataque. ¿Qué hacen entonces las grandes organizaciones para tratar de proteger la reputación de su marca?

Lo primero que debemos identificar es que la información es hoy en día el activo número uno y por tanto es el objetivo principal de los ciberdelincuentes. Permitir que existan brechas en su organización y que esto se haga público generará una percepción de que es una empresa no segura, y si esto se permea a la cabeza de sus clientes o prospectos podría tomar años obtener de vuelta la confianza de estas personas o empresas.

Con estos pensamientos creo que usted, amigo lector, debe tener como prioridad número uno la creación y correcta aplicación de una estrategia de seguridad. Para que usted no se sienta incómodo en caso de que esto no haya sido hasta el momento algo de alta prioridad, le comento lo siguiente: compañías alrededor del mundo han invertido 600 millones de dólares en crear o hacer crecer sus marcas, pero solo una décima parte invierte en ciberseguridad.

Con el incremento en el uso de internet y ahora con la web 2.0 la identificación positiva de las organizaciones es más relevante. Los usuarios de todo el mundo han ganado una fuerza

Reputación empresarial

enorme para transmitir y crear información positiva o negativa de su marca.

Tan solo imagine que el mundo está llegando a cerca de 22 mil millones de dispositivos y en cada uno de ellos podría haber una opinión sobre qué tan buena es su organización. Imagine una percepción negativa permeada desde las redes sociales que puede representar un impacto negativo en su empresa y expandirse de forma exponencial.

¿Sabía usted que hay organizaciones mexicanas que tienen en su comercio electrónico un 95% de usuarios con menos de 35 años? Imagine el impacto potencial a corto y largo plazo alrededor de los temas reputacionales.

Pongamos ahora algunos ejemplos de eventos que pueden afectar la reputación de su marca:

- **DDoS** es un ataque de denegación de servicio en el que, al enviar múltiples llamados o peticiones a sus aplicativos web (páginas comerciales o de información de su empresa), sus sistemas conocidos como servidores se ven saturados y sus páginas o sitios dejan de operar. ¿Cuál es la percepción de los usuarios y cómo se da la pérdida de reputación? Pues parecerá que su sitio no sirve, no funciona o es malo. Imagine esto: usted vende *tickets* de traslado y su competidor le envía un ataque de denegación. Todos los clientes potenciales lo verán a usted como ineficiente y comprarán con la competencia.

- ***Ransomware*** es un tipo de ataque que secuestra la información y puede causar un problema de varias horas o hasta días, dependiendo de su estrategia de gestión de incidentes. Cualquier cliente suyo no deseará operar un tema de compra de acciones o no confiará su dinero si usted está fuera de línea. He vivido casos en los que estos *ransomware* secuestran equipos que controlan robots en centros de distribución, por lo que las líneas de producción (máquinas de la fábrica) se detienen, el almacén no puede surtir y toda la cadena de valor de una empresa se ve afectada al no entregar producto, y entonces los mayoristas pierden confianza en sus entregas.

• **Phishing** es un ataque que se da cuando, a través de ingeniería social, usted oprime un enlace en algún correo que puede secuestrar información de su equipo de cómputo o la entrega a algunos *software* malintencionados que pueden desplazarse por su red buscando otras fuentes de información. Hoy en día he observado cómo en la llamada *dark web* o *deep web* circula información tanto de personas como de empresas que fue sustraída de las organizaciones y es comercializada a otros ciberdelincuentes interesados que obtienen otros beneficios. La reputación cae cuando esto se vuelve público y en medios digitales se da a conocer que la información de clientes o bases de datos circulan libremente por ahí sin control.

Hablemos ahora de conceptos interesantes relacionados con la manera de monitorear la reputación de su marca en la red.

Ciberpatrullaje

Consiste en buscar a través de la red a los ciberdelincuentes que quieren obtener ganancias al cometer sus actos dentro de redes sociales en la *deep y en la dark web*. Se debe realizar una planeación previa de los objetivos de búsqueda de modo que se determinen las herramientas que serán aplicadas; después, con la información que se obtenga se puede crear un análisis que finalmente por resultado nos brindará un reporte del estado actual. Algunos de los hallazgos posibles en este sentido son: bases de datos con tarjetas de entidades financieras, datos sensibles de personas, claves y usuarios secretos, estrategias comerciales, venta de personas, órganos, armas, pornografía, sitios web falsos o que tienen como objetivo la ejecución de fraudes, etcétera.

El ciberpatrullaje es una actividad que le recomiendo realizar constantemente en su empresa, pues algunos beneficios que podemos encontrar son: la protección y cuidado reputacional de nuestra marca, minimizar el riesgo de ataque *phishing* contra nuestros colaboradores, saber si nuestra información privilegiada sale de la organización y está en venta en la *deep o dark web*, sacar de línea a probables sitios web que usan nuestra marca pero que son falsos.

Pentest persistente

Este concepto lo comentamos ya en el capítulo cuatro, pero deseo recordarle que debería realizarlo constantemente. Hoy en día existen herramientas que se pueden adquirir a nivel empresarial para realizar estas evaluaciones ágilmente y disminuyendo los costos de la repetición continua del ejercicio. Recuerde que son pruebas de penetración a diferentes elementos de nuestra infraestructura tecnológica e incluso usadas en los ciclos de desarrollo de *software*.

En resumen, es un proceso de detección de sus vulnerabilidades realizado de forma continua. Esto –como hemos dicho– ayudará a disminuir sus riesgos y es parte del proceso de la gestión de vulnerabilidades que minimiza la exposición dañina de su marca.

Robo de identidad
El robo de identidad con eventos como el robo de credenciales, de los roles y responsabilidades de un colaborador puede traer consigo la exposición de datos muy sensibles como reportes, hojas de cálculo, contratos, información privilegiada, estrategias, etcétera. Hoy en día hemos mencionado la complejidad alrededor del robo de identidad y es importante que esto sea observado por los procesos de la organización con la implementación de las correctas herramientas tecnológicas.

La identidad robada es claramente un altísimo riesgo que puede implicar un alto daño financiero y que expone terriblemente nuestras áreas de oportunidad en seguridad haciendo pública nuestra debilidad y concluyendo con una muy mala reputación al respecto.

Factor humano
Un elemento clave relacionado con la reputación y el robo de identidad es el colaborador, porque puede crear un terrible

impacto. Sabemos que este es el eslabón más débil y que es el mayor responsable de los temas de vulnerabilidad. Los colaboradores reciben en muy contadas ocasiones la debida capacitación para minimizar los riesgos y están constantemente expuestos a múltiples ataques principalmente con eventos de *phishing* y lo relacionado con la ingeniería social; entonces la información que pierdan puede ir a parar a manos muy obscuras que podrían ventilar la reputación de nuestra organización. También podrían ser responsables de perder claves, contactos, información corporativa o incluso de que un ciberdelincuente tome el control de su computadora y tenga acceso a los recursos empresariales.

Algunas recomendaciones para minimizar los problemas de reputación son:

1.- Priorice el reconocimiento de sus principales activos. En caso de un evento no deseado esto puede minimizar el impacto a su empresa.

2.- Identifique los activos que están directamente relacionados con alguna vulnerabilidad, por ejemplo, palabras clave, registros transaccionales, registros de clientes, etcétera. Usualmente este tipo de datos son aquellos que generan más apetito a los ciberdelincuentes. Revise paralelamente las brechas que pueden provocar que un ciberdelincuente acceda a estos activos y trabaje en cerrarla.

3.- Como se mencionó en capítulos anteriores, genere una cultura de ciberseguridad: el entrenamiento y la supervisión serán clave para disminuir los ataques a su organización.

4.- Tenga claro un proceso de recuperación de incidentes que lo regrese a sus operaciones de forma más ágil.

Estos y muchos otros ejemplos puedo brindarle, pero mi mayor objetivo es que comprenda que no invertir en su seguridad puede causarle daños mayores.

A lo largo de esta obra hemos hablado de la importancia de que los altos ejecutivos sean los protagonistas más importantes en temas de seguridad cibernética, de las diferentes metodologías, de la gestión de riesgos e incidentes, de las tendencias actuales y futuras, de por qué y cómo hacer inversiones en seguridad. Tiene usted ahora los elementos clave para protegerse, permitir que su empresa siga creciendo en un ambiente de menor riesgo y para proteger sus activos fundamentales: la información y sobre todo el nombre que su empresa ha ganado en el tiempo de operación.

La opinión de los expertos a nivel nacional

....

¿Qué dicen los CIO's y CISO's con respecto a este tema?

Los retos de la ciberseguridad postcovid-19

....

Por Ing. Angélica Arana
Directora de Gobierno de Arquitectura
Dir. Gral. Adjunta de Innovación
Grupo Financiero Banorte

La opinión de los expertos a nivel nacional

Durante 2020 escuchamos de manera constante que nada aceleró más la transformación digital que el covid-19. Y la razón fundamental fue que, ante el alto riesgo de contagiarse y perder la vida, muchas personas (que habían sido escépticas en incursionar en el mundo digital) dieron un salto de fe hacia el *e-commerce* y las plataformas digitales.

Este cambio repentino introdujo a millones de analfabetos digitales en internet. Fue como sacar a niños de prescolar a las calles sin la guía ni protección de sus padres. Y es que en el mundo virtual, como en el físico, se requiere de cierta educación para adoptar hábitos digitales seguros. Ya sea que vayas a realizar una compra, contratar un producto financiero o conectarte de forma remota a la red de la empresa para la que laboras, debes saber que es posible que seas víctima de ciberataques y en consecuencia necesitas saber cómo protegerte.

Ya que toda la humanidad se vio forzada a confinarse en su casa y a reducir al mínimo el contacto con el exterior, las organizaciones se vieron obligadas a actuar rápidamente para trasladar su operación de las oficinas a las casas de sus colaboradores. De pronto, el *home office* rompió todos los paradigmas que habían estado frenando durante años el trabajo remoto y demostró ser un entorno altamente productivo, pero también un entorno menos controlado y sumamente atractivo para atacantes que quisieran penetrar a las organizaciones. Antes se blindaban las redes de las organizaciones para mantener a sus empleados y sus activos en un ecosistema lo más cerrado posible y con ello reducir el riesgo de penetración y robo de información por accesos no autorizados, pero ahora esto tuvo que cambiar.

La transformación digital ha hecho que disfrutemos la conveniencia de los beneficios del mundo digital, gracias a que constantemente se está incrementando la capacidad de procesamiento de cómputo y, de acuerdo con la Ley de Moore, este crecimiento seguirá siendo exponencial. Desafortunadamente con el incremento de la capacidad de cómputo, también crece el lucrativo negocio sucio de la ciberdelincuencia. Los ciberataques continúan en aumento, los cibercriminales se suman a estos saltos exponenciales y son ubicuos, mientras que las regulaciones, los acuerdos internacionales de colaboración y las organizaciones avanzan de forma lineal en la instrumentación de políticas y prácticas de ciberseguridad. Ello deja a las empresas y a los gobiernos en franca desventaja con respecto a los cibercriminales.

Ante esta coyuntura, los responsables de la ciberseguridad en las organizaciones han tenido que reconfigurar su estrategia. Entre las acciones que se deben reforzar se encuentra una que no es tecnológica pero que tiene una gran importancia: el factor humano; dado que siempre será el eslabón más frágil de la cadena, se deben fortalecer los programas continuos de entrenamiento y concientización para que todos los empleados reconozcan las amenazas y sean capaces de tomar las acciones correctas para evitar un ataque. Incluso es necesario establecer campañas que lleguen a los consumidores finales, por ejemplo, a los usuarios de servicios financieros, ya que éstos son los más susceptibles a ciberataques y fraudes. Por otro lado, también se deben formar especialistas internos de seguridad altamente capacitados y preparados para "prevenir, disuadir y responder" ante cualquier amenaza con un criterio de "confianza cero", sobre todo considerando que se ha reconocido a nivel mundial que hay un déficit de profesionales de ciberseguridad y que este problema se recrudecerá para 2022. Finalmente, se debe prestar especial atención a la identidad digital, ya que evitar la suplantación de la identidad digital se vuelve hoy más relevante que nunca, puesto que los accesos se hacen remotos y si no se aplican los controles adecuados, se podrían realizar accesos indebidos.

La opinión de los expertos a nivel nacional

La pandemia extrapoló no solo la transformación digital, también lo hizo con los ataques cibernéticos, porque nunca antes había habido tantas personas conectadas a internet sin plena conciencia de las amenazas del ciberespacio. En los años postcovid-19 los atacantes tendrán claramente como objetivo las redes domésticas, porque serán la puerta de entrada a las redes corporativas. Ante esta vulnerabilidad, las organizaciones deben ser capaces de adaptarse rápidamente a estos cambios, aprender de los errores que cometan en el camino e ir corrigiendo al vuelo, para extender su protección en un perímetro más amplio.

La ciberseguridad es un rubro que debe tener una alta prioridad en la estrategia de las organizaciones y debe considerarse como una inversión necesaria por la alta dirección, ya que las pérdidas potenciales por un ataque que pudo haberse evitado pueden ser millonarias y pueden afectar terriblemente no solo el patrimonio de la empresa, sino también su reputación y confiabilidad. Una de las frases célebres del mundo de la ciberseguridad es que hay dos tipos de empresas: las que han sido hackeadas y las que van a serlo en el futuro cercano. Considere que cuatro de cada diez empresas han tenido incidentes de seguridad; incluso se dice que esta proporción es mayor, pero no todos los incidentes son reconocidos.

Es indispensable aceptar que la forma tradicional en la que las organizaciones se protegían ya no es adecuada en un mundo hiperconectado y altamente demandante. Dicho esto, la alta dirección debe tener muy clara su responsabilidad en la conservación del patrimonio de la organización y por ende en la seguridad de sus activos. Es por ello por lo que debe mantener en la agenda permanente la ciberseguridad como un habilitador indispensable de la resiliencia de la empresa. Debe dejar de dársele el rol pasivo, en el que se consideraba a la ciberseguridad como un aspecto técnico cuya responsabilidad caía en las áreas de tecnología, y se debe tomar acción, reconocer su importancia estratégica a nivel de negocio, asignarle una partida presupuestal y darle un asiento en la mesa directiva. El ahorrarse la inversión en temas de ciberseguridad puede ser un mal negocio.

Por César Quiroz
Director de Tecnología
Grupo Kasto

La opinión de los expertos a nivel nacional

El mundo está cambiando y los profesionales de ciberseguridad (CISO) con él. Las organizaciones se encuentran hoy más expuestas que antes a ataques de ciberseguridad, lo que provoca que los departamentos de seguridad de la información sigan enfrentándose a demasiadas alertas sobre vulnerabilidades, violación a los accesos controlados, códigos maliciosos y otras amenazas que de manera frontal ponen en riesgo no solamente la integridad de la información sino la operación misma de la compañía.

Los próximos años traerán muchos retos importantes para los CISO. Si bien muchas de las organizaciones han ya visualizado el asunto de la ciberseguridad como una de las prioridades en el ejercicio del presupuesto, hay otras que aún no lo perciben de esta manera y este es el primer reto al que se enfrentarán.

La opinión de los expertos a nivel nacional

¿Cómo persuadir al consejo de administración la importancia de asignar un presupuesto "suficiente" para mejorar la estrategia de ciberseguridad? o en su defecto ¿cómo implementar alguna? Lo cierto es en que en materia de seguridad de la información no hay dinero que alcance, por lo que seguramente el CISO tendrá que buscar la manera de justificar la asignación o incremento de la partida presupuestal basado en las palancas de valor del negocio y su respectivo análisis de riesgo, pero además deberá tener una estrategia que brinde una solución "holística", es decir, que provea la seguridad de inicio a fin en la cadena de valor, y este es el segundo reto que habrán de enfrentar.

Dentro del mercado existen muchas marcas de soluciones de ciberseguridad y, ante la importancia del tema, cada vez surgen más competidores con soluciones muy innovadoras que enfrentan la protección de los datos desde distintas perspectivas.

El análisis de comportamiento de usuarios y entidades (UEBA) atiende la ciberseguridad desde el punto de vista de la "intención", es decir, el cambio de comportamiento de lo "habitual" a lo "inesperado", tanto de los individuos internos o empleados como de cualquiera de los dispositivos, ya sean elementos de red y computadoras o del software; así, ante un comportamiento extraño, dependiendo de las reglas del negocio y la información disponible interna y externamente o amenazas de día cero, ejecuta una acción para proteger la información. Estamos hablando de una solución totalmente predictiva.

En cambio, Orquestación, Automatización y Respuesta de Seguridad o SOAR, por sus siglas en inglés, es un conjunto de herramientas compatibles entre sí que permiten recolectar y organizar información sobre problemas de seguridad a partir de múltiples fuentes, para después definirlos, priorizarlos y responder a ellos sin la necesidad de la intervención humana; su objetivo es mejorar la eficiencia de los sistemas de seguridad de la organización. Estamos hablando de una solución correctiva eficiente, pero sobre todo oportuna.

Ambas soluciones tienen tres características en común: 1) Utilizan motores de inteligencia artificial que permiten ejecutar las tareas prácticamente en tiempo real; 2) Son complementarias al Sistema de Gestión de Información y Eventos de Seguridad o SIEM; 3) Estamos hablando de soluciones totalmente innovadoras. Pero aquí surge el siguiente reto para el CISO: ¿Qué comprar o implementar?

Lo cierto es que no hay una receta de cocina dentro del manual del CISO que ayude a responder la pregunta, cada empresa tiene necesidades diferentes dentro del tema de ciberseguridad y, por qué no mencionarlo, presupuestos diferentes. Sin embargo, en algo en lo que cualquier director general o CEO, por sus siglas en inglés, estaría de acuerdo es en adquirir soluciones que permitan tener al final una solución totalmente integrada que garantice la seguridad de la información de punta a punta, sin demeritar el hecho de que sea una herramienta o conjunto de herramientas que mantengan o catapulten el valor del negocio.

La opinión de los expertos a nivel nacional

En una era digital como la que estamos viviendo, nuevas tecnologías como la computación en la nube, el internet de las cosas o IoT, el *blockchain,* los sistemas de control industrial o SCADA, la automatización conectada, la automatización de procesos o RPA hacen que las empresas sean competitivas en un entorno cada vez más difícil, en donde la innovación es un diferenciador entre el líder y el siguiente. Lo cierto es que todas las tecnologías anteriormente mencionadas también traen consigo riesgos y con ello un reto más para el CISO: ¿Cómo saber identificar los riesgos que se adhieren a los ya existentes a causa de las tecnologías disruptivas?
Involucrar a los profesionales de la seguridad en todos los proyectos de tecnología de la información dentro de la empresa es imperativo. Una práctica que es necesario eliminar de nuestras organizaciones es la de dejar la participación del CISO para el final, cuando solamente requerimos su visto bueno una vez que la solución está implementada. El nuevo nombre del juego es DevSecOps o SecOps, ya sea que se desarrolle la solución en casa o se compre un sistema de información a un tercero, este debe pasar por estrictas pruebas de seguridad que nos permitan identificar las posibles vulnerabilidades ocasionadas por deficiencias en la codificación y con ellas los riesgos a los que nos enfrentamos.
Otro de los grandes retos que enfrenta el CISO hoy en día es saber cuál framework de seguridad tomar para construir la estrategia de la compañía.
La importancia de contar con un sistema de gestión de segu-

ridad de la información (*framework*) basado en las mejores prácticas es sin lugar a dudas el trabajo fundamental del CISO, ya que con él no solo se traza el camino a seguir dentro de su departamento sino de la compañía en materia de seguridad; además, podrá dar cumplimiento regulatorio dependiendo de la industria a la que la compañía pertenezca. Por lo tanto, dependiendo del nivel de madurez de la seguridad en la organización será el sistema que hay que seleccionar. Hoy en día existen distintas casas consultoras que ya proveen estas herramientas e incluso hay certificaciones al respecto como la ISO 27,000.

Es necesario hacer un alto en el camino en cualquiera de los escenarios, ya sea que estemos iniciando la práctica de seguridad de información en la empresa o que ya llevemos algo de camino recorrido, para explorar en conjunto con algún comité de dirección y CISO su panorama de riesgos y considerar las soluciones de ciberseguridad para su estrategia actual y su estado futuro. El objetivo siempre es lograr la confianza de toda la organización, de manera que se pueda construir y mantener la confianza de los clientes y otras partes interesadas.

Lo cierto es que, mientras los CISO o el profesional responsable de la ciberseguridad de la compañía tiene el sinfín de retos anteriormente expuestos, el único reto del director general o CEO es contar con un CISO y asegurar la consecución de sus retos en pro del bienestar de la compañía, a fin de mantener la reputación interna, ante los competidores, ante la industria, ante medios de comunicación y ante los entes reguladores.

La opinión de los expertos a nivel nacional

En un mundo cada vez más digital, la ciberseguridad llegó para quedarse y la pauta a seguir es asegurarse de contar con la mejor estrategia, solución y los más experimentados profesionales de la seguridad.

La importancia de la ciberseguridad en el nuevo entorno digital

Por Enrique López Anguiano
CISO

La opinión de los expertos a nivel nacional

Si bien es cierto la información ha sido un activo esencial tanto en las organizaciones como en las personas, ahora más que nunca es el activo más importante. La información es lo que hoy mueve a las organizaciones, se ha convertido en el ente que transporta el sistema neurológico de empresas y de las personas, lo que provoca y obliga a que la seguridad tome un papel cada vez más preponderante. Hoy en día salvaguardar la integridad, garantizar la confidencialidad y asegurar la disponibilidad de la información es una actividad estratégica que cada vez está más distante de ser un lujo.
Hoy los principales activos de las organizaciones se han transformando, han dejado de ser tan importantes los tangibles y materiales, y se han vuelto fundamentales los datos; cada vez habrá menos propiedad de inmuebles e irán considera-

blemente en aumento los activos digitales: los activos de información y de propiedad intelectual.

En la realidad que hoy vivimos, con una transformación digital acelerada –en gran medida motivada por el covid-19–, los temas relativos a movilidad son el día a día: se requiere tener información omnipresente que materialice la inexistencia de perímetros. El recurso humano y por lo tanto los sistemas, servicios tecnológicos e infraestructura se encuentran distribuidos por doquier, desde distintas oficinas, tanto propias como de terceros, hasta domicilios personales de los empleados y colaboradores. Podemos decir que hoy llegamos a tener nuestra tecnología en ubicaciones remotas y desconocidas, lo que implica extender la seguridad mucho más allá de la infraestructura propia y centralizada.

Desde siempre, pero hoy más que nunca, la seguridad tiene que manejarse de una forma estratégica y buscar que, además de proteger, permita habilitar el negocio en este nuevo entorno móvil y versátil, en el que se pueda extender el servicio tecnológico y el uso (generación, utilización y resguardo) de la información de una manera integralmente segura.

Esta nueva diversificación tecnológica provoca que los riesgos se multipliquen y se potencialicen debido a que la variedad de situaciones que no podemos controlar (todas y cada una de las ubicaciones de los colaboradores y donde se utiliza la información de la organización) es casi imposible de identificar y por lo tanto imposible de gestionar; esto implica que la ciberseguridad debe manejarse de una manera dinámica y activa en las diferentes capas tecnológicas, y debe tomar como impulsor el monitoreo y análisis de las actividades y comportamientos desde el aspecto tecnológico.

La alta dirección y los comités ejecutivos ya no pueden ver la ciberseguridad como un *nice to have*; hoy la ciberseguridad tiene que verse y tratarse como un *must to have* y de no hacerse así, se corren altos riesgos que pueden desencadenar impactos desde económicos, reputacionales hasta de sobrevivencia. El no activar la seguridad adecuada en tiempo y forma puede implicar pérdida de información, afectación a la infraestructura tecnológica, alteración de datos, fallas en disponibilidad y problemas que a la postre pueden ser catastróficos.

Hoy no es suficiente tener técnicos en seguridad o tener herramientas de primer nivel, hoy se requiere una estrategia de ciberseguridad robusta, holística y dinámica que cubra las diferentes capas tecnológicas, humanas y de información, y que a su vez pueda ser tan versátil como para adaptarse al tiempo y a los cambios que detonan estas nuevas épocas en el mundo tecnológico y humano.

Para ello la seguridad idealmente deberá ser parte de la estrategia de negocio, formar parte del comité directivo, ser pieza de los proyectos, de las decisiones, ya que en adelante la ciberseguridad deberá ser una de las bases que soporte el negocio y que a su vez lo potencialice como una base sólida e impulse un crecimiento exponencial.

El tema de la ciberseguridad en nuestro entorno actual debe

romper con los eternos paradigmas que la veían como un bloqueante del crecimiento o del dinamismo de proyectos y de la transformación; la ciberseguridad debe convertirse en un habilitador potencial del negocio, y para ello se requieren estrategias de seguridad con visión de negocio.

La ciberseguridad como habilitador de negocio

Por Ing. Héctor Méndez
Director CSO
Mobility ADO

Tradicionalmente la ciberseguridad ha sido considerada como un stoper para la agilidad de implementación de nuevos negocios o la continuidad de los mismos. Sin embargo, en la actualidad es cada vez más indispensable contar con un esquema de ciberseguridad que garantice la operación y permanencia del negocio.

Hoy se habla de "nubes", "transformación digital", nuevas formas de colaboración y movilidad, pero a veces se pasa por alto el tema regulatorio y de cumplimiento, sobre todo en materia de leyes encaminadas a la protección de datos de los usuarios o bien de las transacciones electrónicas o realizadas con tarjetas. Ahí es donde la ciberseguridad juega un papel preponderante, ya que será la encargada de ver que se cubran las reglas y se realice lo necesario para estar en cumplimiento y evitar que la organización sea sancionada o inhabilitada para realizar operaciones bancarias por un incumplimiento de regulaciones como PCI (Payment Card Industry).

Las nubes son un reto y ahora muchos proveedores de soluciones utilizan el modelo de SaaS como estandarte para brindar a las organizaciones una forma económica, aunque compartida, de resolver sus necesidades para satisfacer su negocio, mercado o su operación, sin embargo, muchas de las veces estas soluciones no contemplan el cumplimiento de las leyes o normas como comentamos con anterioridad, por lo que la solución se volverá más cara cuando nos veamos obligados a invertir adicionalmente para resolver las carencias de seguridad y cumplimiento regulatorio.

La nueva normalidad nos ha llevado a ampliar el manejo de las redes y los datos de las empresas hasta los domicilios de los empleados, donde existe una LAN totalmente sin control ni seguridad. En esa "nueva extensión de la organización" se comparte una red con equipos de uso múltiple como equipos de juegos, equipos de cómputo, teléfonos inteligentes, tabletas y otras computadoras que probablemente por la libertad de ser "privadas" carecen de las reglas que se establecieron en las oficinas corporativas y entonces tendremos nuevos vectores de ataque y vulnerabilidades por no contar con sistemas operativos y *software* debidamente adquiridos, y difícilmente actualizados; esto es un problema ya que no existe una política que fuerce esta actividad ni una obligatoriedad por parte del usuario. A esto se añade el hecho de que los proveedores de internet en los hogares muchas veces comparten el enlace (IP de salida a internet) con otros vecinos, entonces las "redes locales" de diferentes hogares se encuentran interconectadas y con ello se vuelven infinitas las posibilidades de perder información, infecciones e intentos de acceso a nuestra red, lo que conllevará que la información de la organización también esté en riesgo.

Por todo esto el gobierno y quienes controlan la ciberseguridad como celosos vigilantes de los intereses de la empresa tienen un papel cada vez más importante en el negocio y nuevas formas de hacerlo. Recordemos que no solo los empleados están ahora trabajando desde casa, sino también nuestros clientes y proveedores, lo que vuelve crítica la seguridad en todos esos puntos que antes de esta "nueva normalidad" estaban bajo control en nuestro *data center* o en nuestra red corporativa.

Ahora el control de acceso se ha diversificado y los procesos han cambiado. En nuestras oficinas teníamos un relativo control de acceso a través de las reglas y sistemas de seguridad que podían prevenir un acceso no autorizado, ahora los puntos de acceso se han multiplicado e incluso las redes se han abierto al grado de perder el control de quienes acceden a las redes e información de la empresa. Esto implica que los controles de acceso se vuelvan más metódicos y rígidos.

Pongamos una metáfora para entender un poco este cambio: imaginemos que teníamos la costumbre de viajar solo de forma local, de nuestra casa a nuestra oficina y podíamos usar cualquier transporte sin que nadie nos pidiese identificarnos, ni revisara nuestros "paquetes"; ahora esto es muy necesario ya que podríamos llevar algún "artículo prohibido"; ahora los accesos serán como en los aeropuertos, donde debemos definir nuestro origen y destino, así como prever qué es lo que transportaremos de un lugar a otro. Para ello será necesario tener un boleto, canjearlo por un pase de abordar, pasar por un filtro donde se inspeccionen nuestros "paquetes", después, una vez identificados viajarán con otros sin revolverse (así funciona internet bajo reglas), luego de que pasemos los filtros, estaremos listos para viajar, nos identificarán para tomar nuestro vuelo y cotejarán identificaciones con pases de abordar; sólo así tendremos controlado el viaje desde el origen hasta el destino y al llegar volveremos a ser validados y nuestros "paquetes" volverán a ser inspeccionados; finalmente, una vez seguros se abrirán las puertas y estaremos en nuestro destino sin mayor contratiempo.

Ahora las nubes y las nuevas tecnologías se han vuelto un gran "sistema aeroportuario" que requerirá que rehagamos nuestros procesos, cumplamos con reglas y normatividades, tengamos siempre nuestra identificación validada, vigente y estemos listos para cumplir con las revisiones de nuestros "paquetes" cada vez que toquemos un nuevo punto.

Esto es la ciberseguridad aplicada a los nuevos modelos de negocio y por ello se ha vuelto un facilitador más que un agente de bloqueo y prevención de virus. Ahora la ciberseguridad debe construir un sistema acorde con la interacción de los diferentes ecosistemas fuera de nuestros centros de datos y fuera de las redes de nuestras instalaciones.

Conocer y reconocer los riesgos inherentes a las nuevas fronteras de la información, así como el big bang de la seguridad propiciada por la pandemia, vuelve a la ciberseguridad el "boleto premier" para viajar por estas nuevas fronteras de la información y los negocios basados en el ciberespacio.

∙∙
Ing. José C. Arriaga Murcia
Director de Tecnología – CIO
Tokio Marine México

La opinión de los expertos a nivel nacional

Sin duda la ciberseguridad es hoy en día un concepto que tiene una relevancia inimaginable y que debe de ser parte de toda estrategia organizacional de manera holística; ya no es solo un tema propio de las áreas de tecnología de la información, es algo que debe de estar inmerso de manera transversal pero principalmente con un enfoque preventivo, no reactivo; debe ser parte de los planes de mediano plazo y de una cultura organizacional, promovido desde la alta dirección en cascada, debe involucrar a todo el equipo directivo y debe contar con presupuestos bien planeados y con partidas adicionales para casos especiales o urgentes.

Se debe de ver el tema de ciberseguridad como una inversión que ayudará a cuidar el negocio, pero de igual forma será parte de los valores agregados que generarán utilidad a la empresa de manera segura.

Las mejores prácticas que se consideran tres pilares relevantes en temas de seguridad o ciberseguridad son: Tecnología, Procesos y Personas. Esto refuerza la idea de que debe ser un tema organizacional y no de solo algunas áreas, sobre todo dada la interacción que hay entre algunas de ellas para completar ciertos productos o servicios. Definitivamente si se tienen herramientas tecnológicas de mucha vanguardia o eficientes pero los proceso no están bien estructurados y alineados y no se cuenta con la gente correcta, no es posible garantizar esquemas de seguridad óptimos, esto aplica para los tres pilares que están completamente ligados.

Los procesos y servicios deben estar orientados a satisfacer las necesidades de los clientes omnicanalmente, lo cual implica diversas formas o medios de contacto que deben ser seguros en ambos sentidos en la cadena de suministro (empresa-cliente-proveedores), pero además se debe cuidar el cumplimiento de los temas regulatorios en cuanto manejo de datos personales y administración de la información de manera segura y confiable.

También es muy importante considerar un trabajo conjunto entre las áreas de seguridad y de administración de riesgos para generar mapas de calor que indiquen las posibilidades de riesgos y sus impactos; además, dichos riesgos deben de considerarse a nivel global, no sólo tecnológico. Por otro lado el tema del talento humano es sumamente crítico puesto que todavía hay carencia de expertos en temas de ciberseguridad y la probabilidad de fuga de estos colaboradores especializados es alta, mientras que la curva de aprendizaje de nuevos recursos es muy lenta y costosa. Otro tipo de riesgo es el de negocio, ya que si las empresas no cumplen con ciertas medidas de seguridad o no están a la vanguardia en servicios tecnológicos se pueden perder negocios, lo que llevaría a riesgos reputacionales o de imagen. Muchas empresas sobre todo las trasnacionales o internacionales cuidan mucho su imagen y por lo tanto están dispuestas a invertir lo necesario en aspectos tecnológicos y de procesos para cuidar dicha imagen ante los clientes.

En cuanto a la planeación estratégica se debe de considerar cómo impactarán de manera positiva las inversiones en tecnología y seguridad en el incremento de ventas y rentabilidad del negocio, y saber cuál es el retorno de la inversión o punto de equilibrio. Normalmente las áreas financieras tienen cierta cautela para aceptar lo que veían como gastos importantes pero un correcto análisis costo-beneficio permitirá romper este paradigma y dedicar los recursos necesarios a temas de seguridad para también evitar la obsolescencia tecnológica.

En cuanto al tema del talento, la mancuerna perfecta o complemento es el entrenamiento o capacitación para preparar expertos que sirvan como punta de lanza o semillero y que se fortalezcan los equipos con una visión global de ciberseguridad. También deben existir planes

La opinión de los expertos a nivel nacional

de capacitación en coordinación con las áreas de recursos humanos sobre todo a largo plazo y de manera continua. Es necesario incluso buscar las mejores prácticas y tendencias en el mercado a nivel mundial ya que esto no se limita a una zona o región, es algo global, muy fácil de encontrar y de entender. Incluso mediante proveedores de tecnología se pueden obtener invitaciones a conocer las diferentes plataformas de nueva generación y, aunque muchas veces se manejan de manera comercial, el aprendizaje es de mucha ayuda, así como las relaciones que en el medio se pueden tener, que a fin de cuentas es una puerta interesante para obtener más conocimiento.
En lo personal el tema más importante a resaltar es el que existan profesionales preocupados por compartir conocimiento y por simplificar a muchas personas la forma de conocer al respecto. Esto es invaluable porque normalmente ha existido cierto hermetismo a compartir e incluso a mostrar ciertas áreas de oportunidad que a los que tengan la fortuna de leer este tan interesante material creado por el Dr. Juan José Luis Cisneros les dará una visión muy accesible, de manera global y no solo el aspecto técnico, de los puntos críticos a considerar alrededor de la ciberseguridad. En este libro se comparten prácticamente las bases para tener una estrategia para cualquier industria o sector; es oro molido si se sabe aprovechar todo el contenido. Ojalá los lectores lo valoren, lo dominen y lo sigan compartiendo con sus equipos de trabajo

y entorno para que esto sea una oleada de conocimiento que beneficie a muchas personas e industrias. Es un placer y orgullo haber sido considerado para aportar mi punto de vista al respecto; estoy seguro de que será todo un éxito porque Juan José Luis es lo que construye y siempre comparte, es un gran experto y excelente ser humano.

Por Lic. Marisela Orihuela
Director de Estrategia Digital y nuevos negocios
Circle K

La opinión de los expertos a nivel nacional

¿Cómo se vive la ciberseguridad en las organizaciones en esta nueva realidad digital, es decir, en un mundo hiperconectado, con IoT, Saas, la nube, donde cada vez se usan más plataformas digitales electrónicas que recaban y/o recolectan información de los usuarios, con autorización expresa de los mismos o no?

Si bien parecería que toda esta evolución tecnológica ha orillado a las las empresas a considerar el llevar a cabo proyectos relevantes en seguridad informática que les permitan cuidar y proteger la información de los usuarios, las transacciones, los sistemas, los equipos informáticos, las aplicaciones de *software* etcétera, la realidad es que aún en muchas organizaciones empresariales, independientemente de su tamaño y giro, no se han destinado recursos económicos ni humanos para llevar a cabo esta actividad.

La opinión de los expertos a nivel nacional

Lamentablemente en años recientes ha incrementado en gran medida la cantidad de ciberataques, y cada vez son más complejos y sofisticados; es evidente que la actividad cibercriminal avanza a pasos agigantados y en muchas ocasiones se hace prácticamente imposible ir delante de ellos. Es importante mencionar que por el simple hecho de estar expuesto a internet se incrementan exponencialmente los riesgos, y que el tamaño o giro de la empresa no son factores de decisión para no generar un plan de seguridad de la información, pues una cantidad importante de ataques se dan justamente a pequeños negocios que no cuentan con un plan ni con medidas incipientes de seguridad y que tampoco tienen maneras de detección oportuna.

En términos generales, la aprobación de un proyecto de seguridad y la labor de convencimiento sobre la importancia del mismo pueden ser un camino tortuoso para el responsable de las TI, CIO, CISO, debido a la complejidad para responder preguntas como:

*¿La probabilidad vs. la materialización del riesgo?

*¿Cómo calcular el impacto económico, operativo, reputacional para cada organización en específico con el que se pueda presentar un caso de negocio que pueda ser aprobado?

*¿Cómo decidir cuál es la mejor ruta a seguir?

*¿Por dónde deberíamos empezar?

*¿Cómo podemos generar un proyecto que la administración no vea como un gasto?

Podemos generar y ejemplificar con una gran cantidad de preguntas antes de comenzar algún proyecto, sin embargo, debemos asegurarnos de que no entorpecemos el avance en el ánimo de responder todas las preguntas que se nos pueden ocurrir.

Incluso en esta era tan cambiante tecnológicamente, estas iniciativas de seguridad informática se basan fundamentalmente en la relevancia, conocimiento y experiencias previas que el CEO o el CFO puedan tener referente al tema de seguridad y la operación del negocio. Hablar de ciberseguridad es como hablar de un seguro, todos quieren estar protegidos en un contratiempo, pero no siempre están dispuestos a pagar por eso. ¿Cómo pensar en invertir en un proyecto de seguridad para la organización cuando nunca ha pasado un incidente relevante? En estos momentos de incertidumbre, de inseguridad por el futuro cercano, de inestabilidad económica, para muchos tomadores de decisión podría significar gastar el dinero en algo innecesario y no relevante. Lamentablemente en los últimos años se han incrementado de manera importante los casos de incidentes cibernéticos que han costado millones de dólares, pérdida de negocios, multas relevantes con diferentes entidades gubernamentales o financieras, por el simple hecho de no contar con los controles necesarios para cubrir los temas regulatorios del país.

Normalmente después de un incidente de seguridad, las organizaciones buscan con desesperación y prontitud proteger aquello que originó el problema y en consecuencia realizan

La opinión de los expertos a nivel nacional

inversiones que con frecuencia son superiores a lo que hubieran invertido en un proceso de planeación anticipada. Esto se debe fundamentalmente a que podrían empezar por el que no es el mejor camino, o bien hacen inversiones innecesarias, porque las soluciones contratadas no cumplen al 100% su requerimiento o adquirieron en exceso infraestructura, servicios, etcétera, los cuales probablemente nunca se van a usar. Todo esto es ocasionado por el simple hecho de tratar de proteger en la inmediatez, por no incluir la seguridad informática en las conversaciones estratégicas de la organización y por no tener un plan previamente diseñado. Sin duda esto puede llegar a ser mucho más costoso que si se hubiera planeado.

Los ciberataques han costado a las organizaciones miles de millones de pesos, con impactos relevantes para el negocio, tales como perder datos confidenciales, reputación de marca, tener multas, ser víctimas de extorsiones..., casos en los que es prácticamente imposible en muchos casos recuperar el dinero que haya sido sustraído de las cuentas bancarias, por ejemplo. De igual forma revertir el daño a la reputación de la marca puede conllevar muchos esfuerzos económicos, humanos, de comunicación y por supuesto la pérdida de ingresos por la desconfianza de nuestros clientes.

Lo anterior nos obliga como directivos de una organización a incorporar la seguridad informática en los temas estratégicos de la empresa, cubriendo desde la base a las personas, los procesos y la tecnología, con la única finalidad de garantizar que se asignen los recursos económicos y humanos para llevar a cabo la implementación de medidas efectivas que de tiempo en tiempo generen la seguridad y tranquilidad necesaria para lograr la permanencia de la empresa en el mercado. El momento que estamos viviendo, en el que de manera intempestiva se tuvo que mandar a nuestros colaboradores a trabajar de manera remota a sus hogares, para muchas empresas representó un cambio de paradigma en su manera tradicional de trabajo para el que evidentemente no todos estaban preparados. En esta situación es muy probable que no hayamos tomado las medidas pertinentes de seguridad y hayamos quedado expuestos fácilmente. En este caso nuestras primeras preguntas son:

¿Cómo protegemos la información que ahora está dispersa en la casa de nuestros colaboradores?

¿Sabemos qué datos son críticos?

¿Quiénes utilizan información sensible, para qué, con qué frecuencia, en dónde se almacena dicha información?

¿La gente que procesa, genera o administra la información sensible tiene plena consciencia de la importancia de la seguridad que debe prevalecer para garantizar el buen uso de la misma?

¿Cómo sabemos que el internet del empleado es seguro?

¿Cómo garantizamos la protección de datos personales?

¿Nuestras políticas de seguridad están actualizadas, operando y evaluándose constantemente?

¿Cómo recuperamos la información o las aplicaciones en caso de desastres?

¿Nuestros procesos de BCP y DRP están documentados, se han probado y podemos garantizar que funcionarán?
¿Cómo estamos capacitando a nuestros colaboradores en temas de seguridad, con qué frecuencia, etcétera?
¿Nuestros protocolos de seguridad son los adecuados?
¿Nuestro proceso de monitoreo genera las acciones necesarias para alertar, detener, disminuir y evitar a toda costa el mayor impacto posible?

Las siguientes son actividades esenciales que podemos empezar a implementar, entre otras. Se dan de manera enunciativa, no limitativa y este no es el orden estricto de implementación.

Accesos a la red y a las aplicaciones: asignación adecuada de roles, permisos y privilegios para cada uno de nuestros colaboradores; fortalecer nuestros sistemas de autentificación para evitar suplantación de identidad o bien implementar las medidas necesarias para identificar cuando un robot está simulando un acceso válido.

La encriptación de datos evita que software(s) malicioso(s) pueda(n) descifrar la información y hacer mal uso de ella, así como proveer métodos seguros para el manejo de la información que enviamos y recibimos.

Protección en la red de comunicación física o en la nube, es decir, implementación de firewalls, seguridad perimetral, IPS, IDS.

Actualización permanente de parches tanto en infraestructura como en aplicaciones.

Generación de políticas y procedimientos acompañadas de los mecanismos necesarios para garantizar que el personal tiene pleno conocimiento de las mismas.

Herramientas relevantes a implementar: antivirus actualizado; soluciones informáticas para la detección y contención de amenazas.

Y lo más importante es tener una adecuada gestión de la información que provea cada una de las soluciones y herramientas implementadas; además, es importante que exista un proceso claro de escalación y atención de incidentes; si esto no funciona probablemente tendrá muy buenas soluciones pero no será posible contener los ataques.

Algunos datos relevantes para que podamos dimensionar la trascendencia de lo que estamos viviendo:

Al menos diariamente se reciben 200 mil ataques a páginas web; cada mes se pueden crear más de 6 mil virus nuevos, más del 80% de los *e-mails* que se intercambian pueden ser *spam*, las contraseñas de los usuarios son fácilmente identificables en el 80% de los casos, pues usan su nombre y 123, por ejemplo. Al menos el 20% de los virus existentes han sido desarrollados por ciberdelincuentes; la calidad y seguridad en el desarrollo de *software* no es una práctica común, con lo cual un agente malicioso puede alojarse en una aplicación, aprender el comportamiento y después de años provocar un fraude gigantesco; si bien las USB son el mecanismo más fácil para infectar toda una corporación, no debemos dejar de informar al personal de la responsabilidad y riesgos a los cuales nos exponemos. Varias empresas han tenido que detener su operación por días debido a ataques cibernéticos. La pandemia ha acelerado esta actividad ilícita; la suplantación de identidad ha cobrado gran relevancia, además la falta de conocimiento en la población ha propiciado que mucha gente haya perdido su dinero con poca o nula probabilidad de recuperación. En el caso de las empresas hay casos donde se perdió información sensible o bien cantidades importantes de dinero a través de transacciones ilícitas.

El negocio de la ciberdelincuencia se ha convertido en una de las maneras más fáciles de robar en cuestión de minutos grandes cantidades de dinero, información de cuentas bancarias, nombres de personas y todos aquellos datos que hoy se pueden monetizar de una manera simple y que tienen un gran valor económico; por lo tanto se ha convertido en el negocio más rentable del momento. A esto se agrega que existe una muy baja probabilidad de identificar al responsable y es infinitamente más baja la probabilidad de recuperar lo perdido, mientras que la inversión que se tiene que realizar para obtener esas cantidades millonarias es realmente insignificante. Nuestra seguridad es tan fuerte como nuestro eslabón más débil. La trazabilidad de la huella de la delincuencia no es fácil de seguir, así que lo mejor es buscar exponernos lo menos posible.

Derivado de lo anterior, mi recomendación será que ponga manos a la obra, no importa que empiece poco a poco; si tiene oportunidad y cuenta con los recursos humanos y mate-

riales necesarios asígnele la misma prioridad que a su proyecto más relevante de TI. Recuerde que algo es mejor que nada, que si no tiene este "seguro" podría incluso perder todo el patrimonio de la empresa. Procure que la seguridad en su organización sea el lenguaje común de todos los colaboradores. Siempre tendrás diferentes maneras de empezar financieramente ya sea como OPEX o CAPEX, lo que más convenga al momento que vive su organización. Tiene que poner la mayor cantidad de mecanismos posibles que eviten fugas de información, accesos no permitidos a sus sistemas y no perder de vista que lamentablemente en ocasiones el enemigo también está en casa. Haga lo que sus condiciones económicas y de personal le permitan, pero NUNCA se quede estático.
¡NO CONFÍE SU SEGURIDAD A SU BUENA SUERTE!

Visión de un ejecutivo en ciberseguridad

Visión del Lic. Marco A. Guadarrama Alfaro
CIO – Grupo Infra

La opinión de los expertos a nivel nacional

Al hablar de seguridad cibernética o ciberseguridad, debemos plantearnos lo que significa y hasta dónde impacta en nuestra vida cotidiana.

Una de las definiciones más comunes nos dice que la seguridad cibernética *es el conjunto de acciones que toman individuos u organizaciones con el objetivo de reducir los ciberataques,* es decir, virus o programas que aprovechan fallas o "agujeros" dentro de los sistemas informáticos para filtrar datos o dañar infraestructura clave, ocasionando, incluso, serios problemas en su funcionamiento.

Estas fallas o agujeros son básicamente errores de seguridad y de eso es de lo que quisiera hablarles: de la resiliencia cibernética entendida como la capacidad de enfrentar estos ciberataques para que la operación de la empresa no se vea afectada.

Para lograr esta resiliencia o fortaleza, hay que incrementar el gasto en este rubro, sobre todo teniendo en cuenta que los ciberatacantes utilizan sistemas cada vez más sofisticados y parecieran estar siempre un paso adelante de los recursos y herramientas que se ponen en funcionamiento para evitarlos. El avance de la tecnología, los celulares, los dispositivos inteligentes, todo lo que comprende el IoT nos han vuelto más indefensos y el peligro a los ciberataques es mayor. De allí que no es injustificado decir que es una amenaza no sólo para el sector público y privado sino para la sociedad misma y, en ese sentido, lo que se haga debe de hacerse de forma conjunta.

En nuestro país las acciones que ha tomado el gobierno van desde la creación de estrategias de ciberseguridad como el ENCS, pasando por entidades como el CISEN, hasta entablar una estrecha colaboración internacional que ayude a enfrentar de manera organizada estos ataques.

Por su parte, el sector privado debe implementar dentro de sus esquemas figuras como las de un CISO (Chief Information Security Officer) o un BISO (Business Information Security Officer) que se encargue de la seguridad dentro de la organización, así como establecer sistemas y procesos de prevención, protección, detección y respuestas contra los ciberataques.

La sociedad también debe de tomar sus recaudos y ser más cuidadosa y responsable ante los permisos y autorizaciones que otorga para el uso de sus datos personales.

En cualquiera de los tres ámbitos, la concientización y la responsabilidad adquieren un papel relevante para poder hacer frente a estas intromisiones temerarias a nuestra información, nocivas para nuestros sistemas y ofensivas para nuestras vidas.

Para el caso particular de las empresas, los ataques pueden ser de dos tipos: los dirigidos en específico a una organización, identificando debilidades y atacándolas; y los enfocados a industrias enteras, como las que suelen dirigirse a las instituciones financieras. Estos últimos, conocidos como "ataques sistémicos", detectan vulnerabilidades dentro de los programas, buscando cosas tan simples como olvidos de actualizaciones.

Esto demanda, por parte de la gente encargada de la ciberseguridad de una empresa u organización, mantener una posición alerta constante, donde la prevención y los mecanismos de defensa estén listos para responder de forma inmediata, rechazando o minimizando los efectos negativos.

Y para que todo funcione correctamente, tenemos que hacer algunos cambios: una renovación del modelo que aplica para la ciberseguridad pero que debería de adaptarse a todos los que trabajan en una empresa, desde directores, jefes de área y de departamento hasta las personas que trabajan en ellos. Un cambio cultural que nos permitiría compartir responsabilidades y nos impulsaría inevitablemente hacia el éxito es entender el negocio en el que estamos, con un enfoque generoso y global.

La opinión de los expertos a nivel nacional

Es decir, se necesita un nuevo paradigma de ejecutivo en ciberseguridad que pueda comunicarse con las diferentes áreas que están y gravitan dentro de su empresa. Además de conocer su departamento de sistemas, también debe enterarse de cómo funciona el resto: el área directiva, administrativa, comercial, *marketing*, legal y logística. Si se interesa en los procesos, las herramientas que utilizan y cómo las implementan podrá no solo tener un entendimiento más claro y profundo del negocio, sino que sabrá qué es lo que se quiere proteger, podrá identificar los riesgos, desarrollar estrategias de gestión, priorizar la información vital de su empresa, determinar el nivel de vulnerabilidad, establecer las tácticas de prevención y conocer la capacidad de respuesta ante los posibles ciberataques. No basta solo con cuidarse, es necesario también saber cómo defenderse.

Esta nueva visión del negocio le mostrará la necesidad de mantener una comunicación abierta con todas las áreas de su organización desde una perspectiva vertebral y lo incentivará a favorecer la educación y capacitación de todos los involucrados, ya que los riesgos cibernéticos no solo se encuentran en los errores del sistema sino también en las conductas humanas.

La contingencia epidemiológica que estamos viviendo desde hace casi un año ha modificado muchas rutinas cotidianas, desde las compras en línea, las videoconferencias hasta el *home office* o teletrabajo, las cuales traen consigo muchas más responsabilidades de ciberseguridad, ya que las conexiones externas pueden debilitar a las organizaciones y hacerlas más indefensas ante posibles ataques.

Por todo esto, se vuelve esencial hacer conciencia en nuestros accionistas, colaboradores y clientes de la importancia de establecer algunas medidas de seguridad que nos permitan salvaguardar la confidencialidad de nuestros datos.

Algunas de las acciones que podemos llevar a cabo son las siguientes:

a) Revisar y en su caso proteger que todos los equipos de la compañía tengan antivirus.

b) Inspeccionar y cuidar las salidas a internet.

c) Mantener actualizadas versiones de software y de seguridad.

d) Fomentar el uso de contraseñas seguras.

e) Desconfiar de correos no reconocidos y evitar abrir anuncios que nos ligan a sitios no seguros.

f) Restringir la instalación de aplicaciones que provenSgan de páginas o lugares no autorizados.

g) Estar conscientes de la información que enviamos y el destinatario a quien la enviamos, ya que de otra manera no podremos saber en manos de quién terminará.

En resumen, existen varias herramientas de ciberseguridad que podemos implementar para proteger nuestros datos, pero también es indudable que hay otra parte de co-responsabilidad en el uso de las tecnologías que todos los involucrados debemos de observar y cumplir para poder rechazar y prevenir los ciberataques.

Fábricas inteligentes, el nuevo objetivo de ataque

....

Fernando Velasco
CIO Grupo Wendy

La opinión de los expertos a nivel nacional

La transformación digital hacia la fábrica inteligente en la que la industria ha estado enfocada durante los últimos años es clave fundamental para lograr la excelencia operativa. El desarrollo de nuevas herramientas que ayuden a mejorar procesos y operaciones permite alcanzar un estado de constante innovación, con lo cual puedan hacer frente a las solicitudes de nuestros clientes.

Con la adopción de tecnologías como el Internet Industrial de las Cosas (IIoT) y la Inteligencia Artificial preparamos a los trabajadores de primera línea con una variedad de herramientas que construyen las bases para que asuman una mayor responsabilidad en la gestión de la pandemia que inició en el 2020, para tomar decisiones y al mismo tiempo para impulsar el éxito de la empresa en un momento tan difícil.

Para tener operaciones industriales más inteligentes esta modernización suele abarcar las infraestructuras de IT (tecnologías de la información) y de OT (tecnologías operativas) más complejas. En este nuevo entorno industrial y de infraestructura crítica, existen miles de dispositivos a los que se accede a través del IIoT para recolectar y alinear flujos de datos y aprovechar la inteligencia que solo puede provenir de la alineación de datos de diferentes fuentes para brindar información oportuna para la toma de decisiones.

Sin embargo, este escenario plantea nuevos retos para proteger el entorno industrial de la empresa, específicamente porque las amenazas a la ciberseguridad son cada vez más difíciles de detectar, investigar y corregir ya que esta superficie, que antes estaba formada por silos de información, ahora se encuentra expuesta a los cibercriminales.

Las empresas que presentan modelos de seguridad basados en operaciones y configuraciones manuales se enfrentan a riesgos operacionales y a otras muchas amenazas, pero también a conflictos legales surgidos por la posible divulgación de información de sus clientes quienes ahora tienen niveles de exigencia de protección de sus datos mucho mayores que en el pasado.

Así, la convergencia de IT y OT y la rápida adopción del IIoT en ambas áreas aumentan la superficie general para ciberataques, así como las nuevas formas para efectuar dicho ataque. Sin una cobertura completa, la probabilidad de un ataque no es una cuestión de "SÍ", sino de "CUÁNDO".

Ante este escenario ha sido necesario contar con herramientas de seguridad que permitan que desde una misma plataforma se pueda promover una colaboración eficaz del personal dedicado a la protección de la información con una gestión automatizada de vulnerabilidades, y se logre un enfoque totalmente automatizado que permita la detección y mitigación de amenazas hasta el seguimiento de activos, el control de configuración y las verificaciones de integridad de los dispositivos IIoT desarrollados, maximizando la visibilidad, la seguridad y el control del entorno operativo.

Estas herramientas deben estar perfectamente alineadas con un enfoque estratégico de la seguridad basado en la gestión de riesgos. Esto significa que se debe dar prioridad a las vulnerabilidades en función del riesgo que representan, es decir, las herramientas deben contar con información y la inteligencia para identificar el comportamiento de las vulnerabilidades y detectar todo tipo de ataque no solo en ambientes de IT tradicionales sino también en esta nueva superficie de ataque: las operaciones industriales.

Un fracaso en un entorno tan interrelacionado entre IT y OT suele poner al personal de seguridad ante la difícil situación de tener que responder a una indagación del negocio, primero por parte de los directivos, luego por parte de los clientes, quienes exigirán respuestas y sufrirán la pérdida de confianza, lo que finalmente se traduce en la pérdida de ingresos y se manifiesta en una pérdida de valor para los socios accionistas.

La implementación exitosa de la iniciativa de ciberseguridad industrial debe aprovechar los recursos tanto de IT como de OT. A fin de reunir al personal de ambas áreas y unificar el pensamiento y las prácticas de seguridad, las organizaciones deben crear una cultura de colaboración entre ambos grupos por el bien común del negocio.

Un elemento clave para lograr el éxito es contar con el apoyo de la alta dirección para facilitar la convergencia, pues al contar con un director de Transformación Digital se eliminará la brecha entre las áreas de IT y de OT, al fusionar las diferencias culturales y establecer procesos de respuesta a incidentes que abarquen a ambos grupos.

Fuentes Bibliográficas

Fuentes Bibliográficas, de fabricantes y Referencias consultadas en la investigación y escritura del presente libro.

(1) https://www.gartner.com/en/documents/3134524/market-guide-for-user-and-entity-behavior-analytics
(2) ISO/IEC 27001:2005 - Information technology -- Security techniques [en] http://www.iso.org/iso/catalogue_detail?Csnumber=42103
(3) ISO/IEC 17799:2005 - Information technology -- Security techniques [en] http://www.iso.org/iso/catalogue_detailcsnumber=39612
(4) https://revista.seguridad.unam.mx/
(5) http://sox.sourceforge.net/
(6) Aguilera L "Seguridad Informática" 2010, Madrid, Editorial Editex, S.A.
(7) https://resources.infosecinstitute.com/topic/user-and-entity-behavioral-analytics-ueba-overview
(8) http://uptimeinstitute.org/
(9) https://www.sans.org/reading-room/whitepapers/sysadmin/paper/1443
(10) https://www.ambit-bst.com/
(11) https://dsimg.ubm-us.net/envelope/394303/545703/secops-playbook.pdf
(12) https://www.infocyte.com/es/blog/2019/10/24/from-de-

Fuentes Bibliográficas

vops-to-secops-an-introduction/
(13) https://www.itdigitalsecurity.es/it-whitepapers/2018/01/el-libro-de-estrategias-de-secops
(14) World Economic Forum. 2021. The Global Risks Report 2021. [online] Available at: <https://www.weforum.org/reports/the-global-risks-report-2021> [Accessed 13 April 2021].
(15) Nytimes.com. 2021. Scope of Russian Hacking Becomes Clear: Multiple U.S. Agencies Were Hit. [online] Available at:<https://www.nytimes.com/2020/12/14/us/politics/russia-hack-nsa-homeland-security-pentagon.html> [Accessed 13 April 2021].
(16) Documents.trendmicro.com. 2021. rpt securing the pandemic disrupted workplace. [online] Available at: <https://documents.trendmicro.com/assets/rpt/rpt-securing-the-pandemic-disrupted-workplace.pdf> [Accessed 13 April 2021].
(17) gartner.com. 2021. [online] Available at: <https://www.gartner.com/smarterwithgartner/10-common-security-awareness-mistakes-and-how-to-avoid-them-infographic/> [Accessed 13 April 2021].
(18) Microsoft Security. 2021. Gartner names Microsoft a Leader in the 2020 Magic Quadrant for Cloud Access Security Brokers - Microsoft Security. [online] Available at: <https://www.microsoft.com/security/blog/2020/11/18/gartner-names-microsoft-a-leader-in-the-2020-magic-quadrant-for-cloud-access-security-brokers/> [Accessed 13 April 2021].

(19) gartner.com. 2021. [online] Available at: <https://www.gartner.com/smarterwithgartner/10-common-security-awareness-mistakes-and-how-to-avoid-them-infographic/> [Accessed 13 April 2021].

(20) Gartner. 2021. 4 Steps to Support GDPR Compliance in a Digital Workplace. [online] Available at: <https://www.gartner.com/en/documents/3897687/4-steps-to-support-gdpr-compliance-in-a-digital-workplac> [Accessed 13 April 2021].

(21) Riva, P., 2021. Cibercriminales del sector financiero: comprendiendo a los malos. [online] Buguroo.com. Available at: <https://www.buguroo.com/es/blog/cibercriminales-del-sector-financiero-comprendiendo-a-los-malos-detras-del-teclado> [Accessed 13 April 2021].

(22) Threatq.com. 2021. 2021 SANS Cyber Threat Intelligence (CTI) Survey. [online] Available at: <https://www.threatq.com/documentation/Survey_CTI-2021_ThreatQuotient.pdf> [Accessed 13 April 2021].

(23) Gartner. 2021. 2021 CIO Agenda: Opportunity for Digital Business Acceleration. [online] Available at: <https://www.gartner.com/en/publications/2021-cio-agenda-seize-this-opportunity-for-digital-business-acceleration> [Accessed 13 April 2021].

(24) Ponemon.org. 2021. HSM Global Market Study. [online] Available at: <https://www.ponemon.org/local/upload/file/HP%20Atalla%20Report%20FINAL%202.pdf> [Accessed 13 April 2021].

Fuentes Bibliográficas

(25) Gartner. 2021. Security Management Strategy Planning Best Practices. [online] Available at: <https://www.gartner.com/en/documents/1906022/security-management-strategy-planning-best-practices> [Accessed 13 April 2021].

(26) Gartner. 2021. Security Organization Dynamics. [online] Available at: <https://www.gartner.com/en/documents/3913320/security-organization-dynamics> [Accessed 13 April 2021].

(27) Asociaciondeinternet.mx. 2021. [online] Available at: <https://www.asociaciondeinternet.mx/> [Accessed 13 April 2021].

(28) Imperva.com. 2019. Cyberthreat defense report. [online] Available at: <https://www.imperva.com/resources/reports/CyberEdge-2019-CDR-Report-v1.1.pdf> [Accessed 13 April 2021].

(29) News.microsoft.com. 2021. Esenciales de seguridad digital. [online] Available at: <https://news.microsoft.com/wp-content/uploads/prod/sites/41/2020/12/Esenciales-de-Seguridad-Digital-LatAm-M%C3%A9xico-Microsoft.pdf> [Accessed 13 April 2021].

(30) World Economic Forum. 2021. Global Competitiveness Report 2020. [online] Available at: <https://www.weforum.org/reports/the-global-competitiveness-report-2020> [Accessed 13 April 2021].

(31) Varonis. 2021. 2019 Global Data Risk Report | Varonis. [online] Available at: <https://www.varonis.com/2019-da-

ta-risk-report/> [Accessed 13 April 2021].
(32) Iqsec.com.mx. 2021. Ciberpatrullaje. [online] Available at: <https://www.iqsec.com.mx/assets/docs/DT_Ciberpatrullaje.pdf> [Accessed 13 April 2021].
(33) En.wikipedia.org. 2021. Wikipedia - Wikipedia. [online] Available at: <https://en.wikipedia.org/wiki/Wikipedia> [Accessed 13 April 2021].
(34) Cisneros, J., 2021. Ciberseguridad para directores generales, empresarios y. [online] Amazon.com. Available at:<https://www.amazon.com/Ciberseguridad-directores-generales-empresarios-ejecutivos/dp/1703446100> [Accessed 13 April 2021].
(35) 2021. [online] Available at: <https://www.akamai.com/es/es/resources/visualizing-akamai/> [Accessed 13 April 2021].
(36) Check Point Software ES. 2021. El líder mundial en Seguridad Cibernética de redes, nube, dispositivos móviles y endpoints | Check Point Software ES. [online] Available at: <https://www.checkpoint.com/es/> [Accessed 13 April 2021].
(37) IDC: The premier global market intelligence company. 2021. IDC: The premier global market intelligence firm.. [online] Available at: <https://www.idc.com/> [Accessed 13 April 2021].
(38) Broadcom.com. 2021. Symantec Cyber Security. [online] Available at: <https://www.broadcom.com/products/cyber-security> [Accessed 13 April 2021].

Ciberseguridad para ejecutivos,
se terminó de imprimir en abril de 2021.
CDMX

www.ingramcontent.com/pod-product-compliance
Lightning Source LLC
Chambersburg PA
CBHW052344220526
45465CB00003BA/945